Kostenplanung und Kostenkontrolle

Von
Professor
Dr. Dieter Pentzek

R. Oldenbourg Verlag München Wien

Die Deutsche Bibliothek - CIP-Einheitsaufnahme

Pentzek, Dieter:
Kostenplanung und Kostenkontrolle / von Dieter Pentzek.
München ; Wien : Oldenbourg, 1996
ISBN 3-486-23556-7

Gesamtherstellung: Grafik + Druck, München

ISBN 3-486-23556-7

Inhaltsverzeichnis

Kostenplanung und Kostenkontrolle

Vorwort

Kostenplanung und Kostenkontrolle sind kein neues Thema, jedoch eins, dessen Aktualität auf unabsehbare Zeit erhalten bleiben wird. Die Kosten zu senken, ist einer der Schwerpunkte der heutigen Tätigkeit des Managements auf allen Ebenen. Es gibt eine ganze Reihe von Ansatzmöglichkeiten, dies zu tun.

Mit einer dieser Möglichkeiten beschäftigt sich das vorliegende Buch, nämlich Kosten zu planen und zu kontrollieren, um im Rahmen der betrieblichen Gegebenheiten (Markt, Arbeitsabläufe, Organisationssysteme) ein Kostenoptimum zu erreichen. Ziel kann es also nie sein, die Kosten so zu beeinflussen, daß sie gegen Null gehen. Dies wäre ein sinnentleertes Vorgehen, welches das Ende des Wirtschaftskreislaufes herbeiführen müßte. Kosten können und müssen entstehen – sie müssen aber in einem für das Unternehmen akzeptablen Verhältnis zu den Erträgen sich bewegen, nämlich unter ihnen bleiben.

Dieses Kostenoptimum ist keine feste, unveränderliche Größe, ebensowenig wie das Unternehmen ein starres, unveränderliches Gebilde ist. Das Unternehmen ist in seiner Existenz ständigen Wandlungen unterworfen, und der bisherige Erfolg unseres Wirtschaftssystems ist u.a. der Fähigkeit der Unternehmen zu verdanken, sich ständig auf neue Gegebenheiten einzustellen: Neue Ideen, neue Verfahren, neue Marktchancen. Und somit ist auch das Kostenoptimum eine sich ständig wandelnde Größe, die immer nur näherungsweise erreicht werden kann, in gewisser Weise also die Heisenberg'sche „Unschärferelation" in der Kostenrechnung: Man kann nicht exakt sagen, wo der Punkt liegt, man kann nur versuchen, nach bestem Wissen sich ihm zu nähern. Hierfür nun bietet die Kostenplanung und die Kostenkontrolle eine Möglichkeit. Sie gibt dem Unternehmen ein Instrument in die Hand, die Arbeitsabläufe ständig in Richtung „Verbesserung der Wirtschaftlichkeit" zu beeinflussen.

In dieses Buch sind eine langjährige Arbeit in der Praxis und eine langjährige Beschäftigung mit der Theorie eingeflossen. Es wird mit ihm versucht, den Leser in gedrängter Form – ohne ihn mit einer Fülle von Einzelheiten zu erschlagen – das Wesentliche der Kostenplanung und Kostenkontrolle zu erklären. Ziel des Buches ist es, eine Grundlage für eine erfolgreiche Arbeit in der Praxis auf diesem Gebiet darzustellen.

Dieter Pentzek

1. Grundlagen der Plankostenrechnung

1.1 Das Wesen und die Aufgaben der Plankostenrechnung

Bei der Plankostenrechnung werden – im Idealfall weitgehend ohne Orientierung an den Istwerten vergangener Abrechnungsperioden –

(1) Produktionsfaktormengen
(2) Produktionsfaktorpreise und
(3) Beschäftigungen

geplant.

Dies geschieht durch rechnerische oder sonstige wissenschaftliche Methoden (z.B. exakte Verbrauchsmessungen) aufgrund betriebswirtschaftlicher Überlegungen, wobei die auf diese Weise ermittelten Plankosten für das Unternehmen **Richtkosten mit Vorgabecharakter** (Mellerowicz) darstellen. Das bedeutet, daß es sich um absolute Verbrauchsnormen handelt, deren überschreiten zu begründen ist, wobei Unterschreitungen zumindest erklärungsbedürftig sind, um sicherzustellen, daß in den Planungen keine Fehler enthalten sind. Den Plankosten sind bei ihrer Errechnung ***optimale Betriebsabläufe*** zugrundezulegen.

Durch den Vergleich von tatsächlich entstandenen Kosten mit geplanten Kosten wird so eine aussagefähige Kostenkontrolle und damit auch Kontrolle der Be-

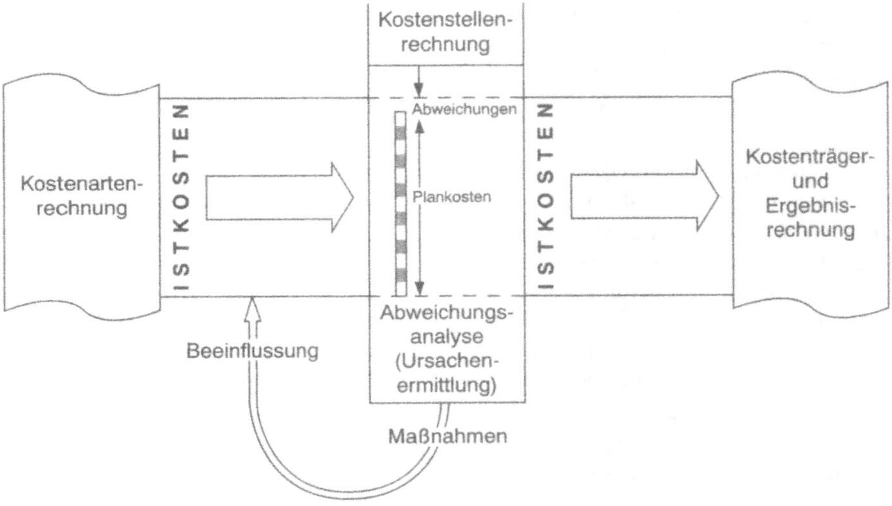

Schaubild 1: Die Plankostenrechnung als Instrument (Meßlatte) zur Beurteilung der Angemessenheit der Istkostenhöhe.

triebsabläufe in Bezug auf ihre Wirtschaftlichkeit möglich. Als Kosten verrechnet werden im Rahmen der Ergebnisermittlung allerdings ausschließlich die Istkosten, die tatsächlich angefallenen Kosten. Die Plankosten dienen nur der Beurteilung der Istkosten auf die Angemessenheit ihrer Höhe hin. Diese Beurteilung erfolgt, indem man die Istkosten in ihren erwarteten Teil und in die Abweichungen aufspaltet (Schaubild 1).

Voraussetzungen für die Plankostenrechnung sind:

(1) **Die Kapazität des Unternehmens ist innerhalb einer Planungsperiode im wesentlichen konstant zu halten**, um eine sichere Planungsbasis zu haben. In gewissen Grenzen kann dieser Grundsatz zwar durchbrochen werden, wobei sich dann bei der Abweichungsanalyse im Rahmen der Kostenkontrolle eine sog. *Kapazitätsabweichung*[1] ergibt. Umfangreiche Abweichungen dieser Art würden aber den Wert der Kostenplanung erheblich herabsetzen.

(2) Des weiteren setzt die Plankostenrechnung einen ***linearen Verlauf der variablen Kosten in Abhängigkeit von der Bezugsgröße*** voraus, wenn die Rechnung in der Praxis mit vertretbarem Aufwand handhabbar sein soll. Die Kostentheorie und die Praxis zeigen zwar auch nicht-lineare Kostenverläufe auf, jedoch hat es sich gezeigt, daß – zumindestens in den Beschäftigungsschwankungsbereichen, die für die praktische Arbeit von Bedeutung sind – ein linearer Kostenverlauf angenommen werden kann, ohne daß die auf diese Weise sich ergebenden rechnerischen Ungenauigkeiten einen unakzeptabel großen Einfluß auf die Korrektheit von Kostenplanung und Kostenkontrolle ausüben.

Das Planen und Kontrollieren von Kosten fördert ferner in sehr erheblichem Maße im Unternehmen das **Entstehen eines ausgeprägten Kostenbewußtseins**, das gleichsam zur zweiten Natur aller Unternehmensangehörigen wird. Dabei ist es sinnvoll, die im Rahmen der Planungsarbeiten gesteckten Kostenziele so hoch anzusetzen, daß es schon einiger Anstrengung bedarf, sie zu erreichen. Erreichbar sein müssen sie allerdings, denn auch hier darf „der Bogen nicht überspannt werden".

Schließlich ist auch noch darauf hinzuweisen, daß allein die Tatsache, daß Kosten (und damit auch Betriebsabläufe) geplant werden, bewirkt, daß viele **Betriebsprozesse wirtschaftlicher** ablaufen, d.h. das gleiche Ergebnis mit geringeren Kosten erzielt wird. Es werden bereits in diesem Stadium der Plankostenrechnung Unwirtschaftlichkeiten und Ursachen für einen nicht sparsamen Umgang mit Zeit und Geld aufgedeckt, die sonst in vielen Fällen noch für lange Zeit unentdeckt geblieben wären – die Erfahrungen mit der Einführung einer Plankostenrechnung zeigen es immer wieder.

Die **Aufgaben der Plankostenrechnung** haben, auch die der Istkostenrechnung umfassend, eine eigene Gewichtung. Die Istkostenrechnung ist als Bestandteil der Plankostenrechnung aufzufassen, denn die Plankostenrechnung *alleine wäre*

---

[1] vgl. Kap. 9.1

ein „Luftschloß". Die Realität, das sind die Istkosten – und nur sie entscheiden, neben anderen Faktoren, über die Existenz des Unternehmens. Jede Plankostenrechnung muß also auch alle Aufgaben der Istkostenrechnung erfüllen, wobei sie allerdings ihre eigenen Schwerpunkte setzt.

Aufgabe 1:
Die **wichtigste Aufgabe der Plankostenrechnung** ist allerdings eine ihr ganz eigene, die von der Istkostenrechnung nicht genügend zu erfüllen ist:

Die Kontrolle der Wirtschaftlichkeit des Unternehmens.

Diese Aufgabe steht ganz im Vordergrund. Sie ist von der Istkostenrechnung nicht auf ausreichende Weise zu erfüllen, da sie dieser Aufgabe allenfalls in Form des (a) Zeitvergleichs oder (b) Betriebsvergleichs nachkommen kann. Beide Vergleiche stellen jedoch, im Gegensatz zum (c) Soll-Ist-Vergleich, keinen ausreichenden *Kontrollmaßstab* zur Beurteilung der Istkosten auf die Angemessenheit ihrer Höhe dar:

(a) **Zeitvergleich** ist der Vergleich der Kosten der zu beurteilenden Periode mit den Kosten einer Vorperiode, z.B. den Kosten des Vormonats oder den Kosten des gleichen Monats des Vorjahres.

(b) **Betriebsvergleich** ist der Vergleich der Kosten des eigenen Unternehmens mit den Kosten eines fremden Unternehmens oder mit den durchschnittlichen Kosten mehrerer fremder Unternehmen.

Der **Zeitvergleich** hat den großen Nachteil, daß er einfach nur Kosten zweier Perioden vergleicht, ohne daß darauf geachtet wird, ob die Betriebsabläufe der betrachteten Perioden hinsichtlich ihrer Wirtschaftlichkeit als gut zu beurteilen sind. Schmalenbach prägte das treffende Wort vom **Vergleich von**

„Schlendrian mit Schlendrian".

Der Zeitvergleich kann nur zeigen, wann Kosten höher oder niedriger waren, kann allenfalls einen Trend erkennbar machen, er kann aber niemals Auskunft darüber geben, ob Betriebsabläufe ein ausreichendes Maß an Wirtschaftlichkeit haben.

Ähnlich sieht es mit dem ***Betriebsvergleich*** aus. Zum einen ist es die Frage, ob die Unternehmen, mit deren Kosten sich das eigene Unternehmen vergleicht, Vorbild sind, was die Wirtschaftlichkeit der Betriebsprozesse betrifft. Zum anderen sind Betriebsaufbau, Arbeitsabläufe und Kostenstrukturen auch zwischen den Unternehmen einer Branche selten so ähnlich, daß sie ohne Einschränkungen vergleichbar sind. Folglich sind die **Erkenntnisse,** die aus solchen Vergleichen gezogen werden, nur **von *sehr eingeschränktem Wert***.

Anders sieht es beim Soll-Ist-Vergleich im Rahmen der Plankostenrechnung aus:

(c) **Soll-Ist-Vergleich** ist der Vergleich der geplanten Kosten mit den tatsächlich entstandenen Kosten. Die Plankostenrechnung ermittelt Kosten – nämlich die Sollkosten – die im Rahmen der Gegebenheiten die Meßlatte darstellen, mit der die angefallenen Kosten auf ihre Angemessenheit hin überprüft werden können.

Wenn die tatsächlich angefallenen Kosten die geplanten nicht überschreiten, kann das Unternehmen sicher sein, daß die Wirtschaftlichkeit der Leistungserstellung im Unternehmen nichts zu wünschen übrig läßt. Werden sie hingegen überschritten, so wird im Rahmen der ***Abweichungsanalyse*** intensive Ursachenforschung zur Aufdeckung der Unwirtschaftlichkeiten die Folge sein.

Aufgabe 2:
An zweiter Stelle der Aufgaben der Plankostenrechnung steht, daß sie ***Basis für die taktische Planung*** – d.h. die kurzfristige, jährliche Feinplanung – des Betriebsgeschehens ist. Sie ist das **Kernstück aller betrieblichen Planungen**, sobald diese innerhalb der taktischen Ebene realisiert werden müssen. Entwicklungsplan, Beschaffungsplan, Produktionsplan, Werbeplan – welcher Plan auch immer: Die Plankostenrechnung hat die Aufgabe, die „beflügelte Phantasie" der planenden Mitarbeiter aller Bereiche in unternehmenskonforme Bahnen zu zwingen, so daß nur die Vorstellungen und Wünsche Aussicht auf Durchsetzung haben, die das Unternehmen nicht überfordern. Und diese Aufgabe der Plankostenrechnung kann für das Unternehmen eine lebensrettende sein!

Aufgabe 3:
Als nächstes folgt dann die Aufgabe der ***Bereitstellung von Zahlenmaterial*** **als Grundlage für Entscheidungen**, insbesondere soweit diese kurzfristiger Natur sind. Nutznießer hiervon sind vor allem:

(1) der **Beschaffungsbereich** (z.B. Ermittlung der optimalen Bestellmenge),

(2) der **Produktionsbereich** (z.B. Entscheidung der Frage: „Eigenherstellung oder Fremdbezug") und

(3) der **Vertriebsbereich** (z.B. Entscheidung über Annahme oder Ablehnung eines Zusatzauftrages zu schlechteren Konditionen als normal).

Zwar hat auch eine reine Istkostenrechnung bereits diese Aufgabe, doch ist sie von der Plankostenrechnung ***qualitativ viel besser*** zu erfüllen. Für viele dieser Entscheidungen benötigt man nämlich ***die Grenzkosten*** **der zur Disposition stehenden alternativen Möglichkeiten**. Diese Kostenkategorie wiederum kann nur eine gut ausgebaute (Grenz-) Plankostenrechnung sicher und mit vertretbarem Aufwand zur Verfügung stellen. Zwar kann man auch mit Hilfe einer Istkostenrechnung Grenzkosten ermitteln, doch **nur die Grenzplankostenrechnung liefert Zahlen, von denen man sicher sein kann, daß wirtschaftlich optimale Betriebsprozesse ihnen zu Grunde liegen**. Diese „Lenkungsaufgabe" der Plankostenrechnung gewinnt mit schwieriger werdenden Märkten zunehmend an Bedeutung.

Aufgabe 4:
Auch die letzten beiden wesentlichen Aufgaben der Plankostenrechnung sind bereits in der Istkostenrechnung zu finden, stehen jedoch dort stärker im Vordergrund als bei der Plankostenrechnung. Das eine ist die Aufgabe, an der ***Ermitt-***

lung und Beurteilung des Betriebserfolges mitzuwirken. Sowohl die Istkostenrechnung als auch die Plankostenrechnung erbringen, z.B. im Rahmen der Bestandsbewertungen, Serviceleistungen für das externe Rechnungswesen. Besonders aber durch die **„Kurzfristige Erfolgsrechnung“**, die normalerweise in der Regie der Kostenrechnung erstellt wird, ist dem Unternehmen ein Instrument in die Hand gegeben, das es ihm ermöglicht, den Betriebserfolg und seine Quellen (Bereiche, Produktgruppen, Produkte) zu ermitteln und zu bewerten.

Aufgabe 5:
Und schließlich erfüllt die Plankostenrechnung – wenn auch nicht mit so hohem Stellenwert wie bei der Istkostenrechnung, sondern mehr als selbstverständliche Dokumentationsaufgabe – auch die Grundaufgabe der Istkostenrechnung, nämlich die ***Erfassung der tatsächlich anfallenden Kosten einer Abrechnungsperiode und ihre Zurechnung zu den betrieblichen Leistungen.*** Dies war die erste Hauptaufgabe der Kostenrechnung und ist logischerweise auch eine wichtige Aufgabe der Plankostenrechnung bis zum heutigen Tage geblieben.

1.2 Grundzusammenhänge der Plankostenrechnung

Bei der betrieblichen Planung kann man unterscheiden zwischen der

(1) strategischen Planung (langfristige Planung),
(2) operativen Planung (mittelfristige Planung),
(3) taktischen Planung (kurzfristige Planung).

Strategische Planungen betreffen eine Zeitspanne von mehr als 5 Jahren. In diesen Rahmen fallen z.B. Planungen neuer Produktionszweige oder neuer Standorte.

Die **operative Planung** erstreckt sich über eine Zeitspanne von 2-5 Jahren. Zu ihrem Aufgabengebiet gehören u.a. die normale Investitionsplanung, die Planung von neuen Produkten oder die Vorarbeiten für die Erschließung neuer Märkte.

Die **taktische Planung**, die sich über 1 Jahr erstreckt, stellt die betriebliche Feinplanung dar und ist insbesondere auch **der zeitliche Rahmen für die Plankostenrechnung** und die weiteren betrieblichen Detailpläne, wie z.B. Auftragseingangsplan, Umsatzplan, Personalplan, Beschaffungsplan, Produktionsplan oder Werbeplan.

Die taktische Planung beginnt normalerweise mit der Planung der betrieblichen Leistung, also der Auftragseingangsplanung und der Umsatzplanung. Erst wenn das *Leistungsziel vorgegeben* ist, können die anderen Teilpläne erstellt werden, wodurch dann die genaue Planung der Kosten ermöglicht wird. Geplant werden die Kosten pro Kostenstelle, unterteilt nach Kostenarten.

Im Rahmen der Kostenplanung wird aus der Leistungsplanung des Unternehmens der *geplante Beschäftigungsgrad* der einzelnen Kostenstellen abgeleitet. Die für den geplanten Beschäftigungsgrad der Kostenstelle errechneten Kosten sind die **Plankosten**. Ihre Errechnung erfolgt nach mathematischen, betriebswirtschaftlichen oder sonstigen wissenschaftlichen Methoden (Mellerowicz)[2].

Die Plankosten sind also die geplanten Kosten des der Planung zugrunde gelegten Beschäftigungsgrades, des Plan-Beschäftigungsgrades. Dieser wird unabhängig von der kapazitätsmäßig möglichen Beschäftigung gleich 100% gesetzt und auch als Basis-Beschäftigungsgrad bezeichnet. Dabei wird dann der tatsächlich erreichte Beschäftigungsgrad in Prozent des Planbeschäftigungsgrades ausgedrückt.

Bei den flexiblen Plankostenrechnungsformen werden die aufgrund des geplanten Beschäftigungsgrades errechneten Plankosten (auch Basis-Plankosten genannt) in Kostenvorgaben für den tatsächlich eingetretenen Ist-Beschäftigungsgrad umgerechnet. Diese Art geplanter Kosten bezeichnet man als **Sollkosten**. Es sind also die Kostenvorgaben für den tatsächlich erreichten Beschäftigungsgrad. Sie können im nachhinein errechnet werden, wenn die Istbeschäftigung bekannt ist, oder im vorhinein, indem bereits vor Beginn der Abrechnungsperiode, also des Monats, für alle in Frage kommenden Ist-Beschäftigungsgrade die Sollkosten errechnet werden.

Des weiteren gibt es noch die Begriffe der Budgetkosten und der Standardkosten. **Budgetkosten** sind die geplanten Kosten solcher *Kostenstellen* für die keine *verursachungsgerechten Bezugsgrößen* ermittelt werden können. Das sind in der Regel die Kostenstellen folgender Bereiche:

(1) Verwaltungsbereich
(2) Vertriebsbereich
(3) Entwicklungs- und Konstruktionsbereich
(4) Beschaffungsbereich

Budgetkosten bedeutet, daß es sich um eine *starre Kostenvorgabe* handelt. Da bei den erwähnten Kostenstellen kein Unterschied zwischen geplantem und tatsächlichem Beschäftigungsgrad gemacht wird – dieser kann nicht genau genug ermittelt werden – *können keine Sollkosten errechnet* werden. Es bleibt bei den ursprünglich errechneten Plankosten.

Standardkosten stellen kostenträgerbezogene Plankosten dar. Es sind die pro *Kostenträgereinheit* geplanten Kosten, insbesondere ihre *Herstellkosten*. Der Begriff stammt aus dem amerikanischen Sprachgebrauch und hat seinen Anwendungsbereich sehr häufig im Rahmen der ingenieurmäßigen Betrachtungsweise der im Produktionsbereich anfallenden Kosten. Er steht meist im Zusammenhang mit der Erfassung detaillierter Verbrauchsnormen.

---

[2] vgl. u.a. Mellerowicz, Planung und Plankostenrechnung Band 2, 1. Auflage, Freiburg i.Br. 1972, S. 22

Plankosten:	Geplante Kosten des Planbeschäftigungsgrades
Sollkosten:	Geplante Kosten des Istbeschäftigungsgrades
Budgetkosten:	Geplante Gemeinkosten solcher Kostenstellen, für die trotz von der Planbeschäftigung abweichender Istbeschäftigung keine Sollkosten errechnet werden
Standardkosten:	Pro Kostenträgereinheit geplante Kosten

Schaubild 2: Die vier Begriffe geplanter Kosten

Die ***monatsweise geplanten Kosten*** des Geschäftsjahres (= Planjahr) werden auch ***monatsweise kontrolliert***. Die Kostenkontrolle erfolgt ausschließlich auf Kostenstellen, denn sie kann nur dann effektiv gestaltet werden, wenn in kleinen Bereichen jeweils Mitarbeiter für die Einhaltung der Kostenvorgaben direkt verantwortlich sind. **Im Rahmen der Kostenkontrolle wird also pro Kostenstelle kostenartenweise eine Gegenüberstellung zwischen geplanten und tatsächlich angefallenen Kosten durchgeführt**.

Die Gegenüberstellung von tatsächlich entstandenen und geplanten Kosten wird **Soll-Ist-Vergleich** genannt, unabhängig davon, ob tatsächlich Sollkosten errechnet worden sind oder ob es sich um (starre) Budgetkosten handelt. Beim Soll-Ist-Vergleich unterscheidet man zwischen dem

(1) partiellen Soll-Ist-Vergleich und dem
(2) geschlossenen Soll-Ist-Vergleich.

Beim **partiellen Soll-Ist-Vergleich** erfolgt eine systematische, regelmäßige Kostenkontrolle nur bei den wichtigsten Kostenarten, nicht bei allen. Er hat den **Vorteil**, daß er weniger aufwendig ist und schneller durchgeführt werden kann. Als **Nachteil** steht dagegen das Fehlen einer lückenlosen Kostenkontrolle. Insbesondere besteht bei dieser selektiven Kostenkontrolle die Gefahr, daß sich bei den nicht kontrollierten Kostenarten Plus- und Minusabweichungen ausgleichen, man also auf größere Diskrepanzen zwischen geplanten und tatsächlich entstandenen Kosten nicht so schnell aufmerksam wird.

In der Praxis wird daher der **geschlossene Soll-Ist-Vergleich** bevorzugt. Er stellt eine lückenlose Kontrolle aller angefallenen Kosten sicher, indem auf **jeder Kostenstelle** für **jede Kostenart** die Differenz zwischen Ist- und Sollkosten ermittelt wird. Er ist zwar aufwendiger als der partielle Soll-Ist-Vergleich, ist aber auf der anderen Seite die einzige Möglichkeit, die *Wirtschaftlichkeit* aller Betriebsabläufe im Unternehmen zu überwachen.

Ist im Rahmen des Soll-Ist-Vergleiches der Unterschied zwischen den geplanten und den tatsächlich entstandenen Kosten ermittelt worden, erfolgt die sogenannte **Abweichungsanalyse**, sofern die Abweichungen eine vorher festgelegte Größenordnung überschreiten.

Die Abweichungsanalyse versucht die letztendlichen Ursachen der Diskrepanz zwischen Sollkosten und Istkosten herauszufinden.

Die Ursachen sind unter Umständen leicht erkennbar, des öfteren aber liegen die Dinge komplizierter. Leicht zu begründen ist z.B. die Ursache einer Abweichung bei den Personalkosten, wenn entgegen der Planung ein neuer Mitarbeiter erst später als beabsichtigt eingestellt werden konnte. Schwieriger wird es aber, wenn z.B. bei den Materialkosten die Ursachen der Abweichungen nicht so offen zu Tage liegen. Hier kann es sein, daß die **Gesamtabweichung** zunächst **in Teilabweichungen aufgegliedert** werden muß, die jeweils auf besondere Ursachen zurückzuführen sind, z.B. auf die Art der Materialmischung oder auf den Unterschied zwischen geplantem und tatsächlichem Wirkungsgrad eines technischen Arbeitsprozesses.

Aus den Abweichungsanalysen müssen dann die notwendigen Konsequenzen gezogen und in **Kostenberichten** schriftlich niedergelegt werden. Diese Kostenberichte enthalten neben den festgestellten Abweichungsursachen Vorschläge für die Beseitigung der ermittelten Schwachstellen. Verfaßt werden die Kostenberichte bei komplizierten Verhältnissen in der Regel in Teamarbeit. Dem Team gehören Mitarbeiter an, die im Unternehmen für die Kostenkontrolle verantwortlich sind und Angehörige der Abteilung, in der die Kosten entstanden sind.

Die Erkenntnisse aus der Kostenkontrolle werden dann in den **Planungen des nächsten Jahres** verarbeitet, sofern sie nicht schon früher in überarbeiteten Planzahlen Eingang gefunden haben. Letzteres geschieht in der Praxis allerdings relativ selten, da ***Planänderungen*** während des Planjahres oft einen ***riesigen Änderungsaufwand*** zur Folge haben. Viele andere Teilpläne müssen geändert werden bis hin zu den Ergebnissen der Gesamtplanung (z.B. Planerfolgsrechnung, Planbilanz) für das Unternehmen. Daher beläßt man es lieber, sofern es irgend geht, bei den alten Planzahlen und nimmt größere Abweichungen in Kauf, bis die Planung für das nächste Jahr erstellt wird.

Für die **Planungsarbeiten rechnet man mit 3-6 Monaten**, wobei die Unternehmensgröße und die Zahl der an den Planungen beteiligten Mitarbeiter eine Rolle spielen. Eine sorgfältige Planung bedeutet einen beachtlichen Aufwand an Mitarbeiterstunden, z.T. können *Pläne nur in einem zeitlichen Nacheinander erstellt werden.* So kann z.B. die Kostenplanung erst erfolgen, wenn die Leistungsplanung erstellt worden ist. Dennoch darf nicht zu viel Zeit zwischen Beginn der Planungsarbeiten und Beginn der Planungsperiode liegen, da sonst die *Markt- und Unternehmenssituation* des Planjahres nicht exakt genug im Detail vorausberechnet werden kann. Daher sind 6 Monate die absolut äußerste Zeitspanne, die die taktische Planung dauern darf. Durch Einbezug einer größeren Anzahl von Mitarbeitern in die Planungsarbeiten sollte versucht werden, möglichst mit einer kürzeren Planungsdauer auszukommen.

2. Formen der Plankostenrechnung

Man unterscheidet folgende Formen der Plankostenrechnung:

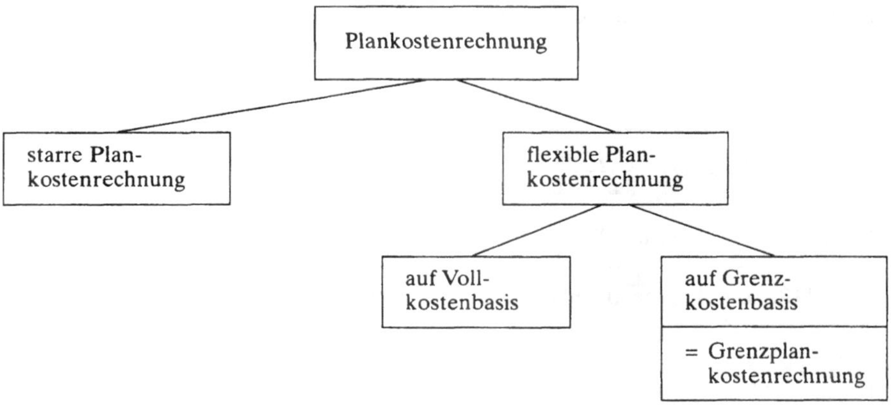

Schaubild 3: Formen der Plankostenrechnung.

2.1 Die starre Plankostenrechnung

Bei der starren Plankostenrechnung werden für eine Planperiode die Kosten nur für den ursprünglich der Planung zugrunde gelegten Planbeschäftigungsgrad geplant. Es wird keine Korrektur der geplanten Kosten entsprechend dem tatsächlich eingetretenen Beschäftigungsgrad vorgenommen. Hierin liegt das Besondere der starren Plankostenrechnung, daß sie ***lediglich Plankosten, nicht aber Sollkosten*** **errechnet**.

Die Vorgehensweise bei der Kostenplanung ist weitgehend die gleiche wie bei den flexiblen Plankostenrechnungsformen: Die **Einzelkosten** (im wesentlichen Material, Fertigungskosten und Sondereinzelkosten) werden kostenträgerweise, unterteilt nach Kostenarten, geplant. Gleichzeitig werden sie verantwortlichen Kostenstellen zugeordnet. Die **Gemeinkosten** werden von vornherein kostenstellenweise, ebenfalls differenziert nach den einzelnen Kostenarten, geplant. Ein wesentlicher Unterschied besteht allerdings: Da die starre Plankostenrechnung eine reine Vollkostenrechnung ist, werden die **geplanten Kosten** ***nicht in ihre fixen und variablen Anteile*** **aufgespalten** sondern nur in einer Summe pro Kostenart geplant.

Eine von der Planbeschäftigung abweichende Istbeschäftigung hat allerdings auch in einer starren Plankostenrechnung gewisse Auswirkungen auf die Plankosten, u.z. auf die sogenannten **„verrechneten Plankosten"**. Diese erhält man, wenn man den Plankalkulationssatz einer Kostenstelle multipliziert mit der tatsächlich eingetretenen Istbeschäftigung. Den Plankalkulationssatz einer Kostenstelle wiederum erhält man, indem man die gesamten Plankosten der Kostenstelle durch die Planbeschäftigung (= Planbezugsgröße) dividiert.

$$\text{Plankalkulationssatz} = \frac{\text{Plankosten}}{\text{Planbeschäftigung}}$$

Verrechnete Plankosten = Plankalkulationssatz × Istbeschäftigung

Schaubild 4: Die Begriffe „Plankalkulationssatz" und „Verrechnete Plankosten".

Sobald die Istbeschäftigung nicht mit der Planbeschäftigung übereinstimmt, entsteht zwischen den (Gesamt-) Plankosten und den auf die Kostenträger weiterverrechneten Plankosten eine Differenz, deren Höhe von dem Unterschied zwischen tatsächlicher Beschäftigung und geplanter Beschäftigung beeinflußt wird. Je größer die *Beschäftigungsdifferenz* ist, desto größer ist auch die *Kostendifferenz*. Die folgende grafische Darstellung zur Charakterisierung der starren Plankostenrechnung macht das deutlich.

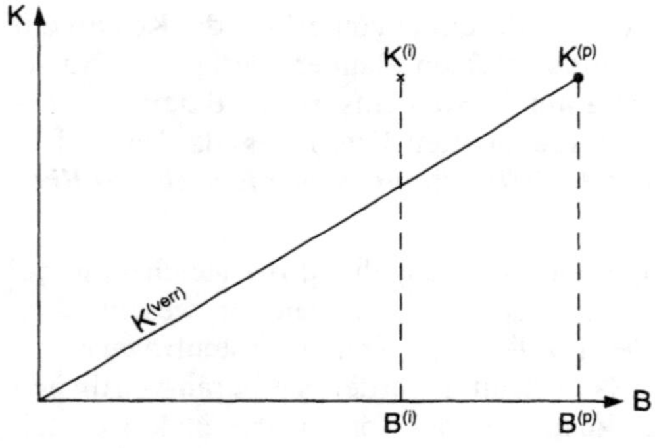

K = Kosten
$K^{(p)}$ = Plankosten
$K^{(i)}$ = Istkosten
$K^{(verr)}$ = verrechnete Plankosten

B = Beschäftigung
$B^{(p)}$ = Planbeschäftigung
$B^{(i)}$ = Istbeschäftigung

Schaubild 5: Starre Plankostenrechnung

Beispiel 1:

Planbeschäftigung einer Kostenstelle in der Abrechnungsperiode:	15.000 Fertigungsstd.
Plankosten der Abrechnungsperiode:	165.000 DM
Daraus ergibt sich als Plankosten-kalkulationssatz:	$\frac{165.000 \text{ DM}}{15.000 \text{ Std.}} = 11,\text{– DM/Std.}$

Am Ende der Abrechnungsperiode festgestellte tatsächliche Werte:

Istbeschäftigung:	10.000 Fertigungsstunden
Istkosten:	150.000 DM

Die entsprechenden **„verrechneten Plankosten"** betragen demnach:
11,– DM/Std. × 10.000 Std. = **110.000,– DM**

Es ist also folgende Kostensituation gegeben:

Plankosten 165.000 (Planbeschäftigungsgrad 100%)	
	Kostenunterschreitung 15.000
Istkosten 150.000 (Istbeschäftigungsgrad 66,6%)	
	Kostenüberschreitung 40.000
verrechnete Plankosten 110.000 (Istbeschäftigungsgrad 66,6%)	

Beide Abweichungen sind wenig aussagefähig: Den Plankosten und den Istkosten liegen unterschiedliche Beschäftigungsgrade zugrunde. Die verrechneten Plankosten und die Istkosten beziehen sich zwar auf den gleichen Beschäftigungsgrad, jedoch sind bei den verrechneten Plankosten bei einem Beschäftigungsgrad von 66,6% Fixkosten in Höhe von 33,3% unberücksichtigt geblieben, denn gemäß dem Plankalkulationssatz sind die Fixkosten auf 15.000 Stunden verteilt worden, so daß pro Fertigungsstunde also nur 1/15.000 der Fixkosten verrechnet worden ist.

Wir haben also auch hier zwar eine *gewisse Anpassung von Plankosten an die Istbeschäftigung*, für Zwecke der Kostenkontrolle ist diese Art der Abänderung der Plankosten allerdings ungeeignet. Da die starre Plankostenrechnung eine Vollkostenrechnung ist, sind in den verrechneten Plankosten **fixe Kosten enthalten, die proportional verrechnet worden sind, sich aber nicht proportional zur Beschäftigung verändern**. Die verrechneten Plankosten sind daher kein Maßstab für den Beschäftigungsänderungen angemessene Istkosten. Ein Maßstab für wirtschaftliches Handeln und seine kostenmäßigen Auswirkungen wären die Sollkosten. Sie können jedoch in einer Vollkostenrechnung, wie sie die starre Plankostenrechnung darstellt, nicht errechnet werden, da Voraussetzung für ihre Bildung eine Aufteilung der Kosten in ihre fixen und variablen Beträge ist.

Was die Kostenträgerrechnung betrifft, ist festzustellen, daß auch hier die starre Plankostenrechnung den Nachteil einer Vollkostenrechnung hat: **Die Fixkosten werden nach dem Durchschnittsprinzip den Kostenträgern zugerechnet.** Die Kalkulationsergebnisse sind daher in einer ganzen Reihe von Entscheidungssituationen nur sehr eingeschränkt brauchbar, da sie kein exaktes Bild der Kostensituation des Unternehmens bei wechselnden Beschäftigungslagen wiedergeben.

> **Man kann bei einer Vollkostenrechnung nicht erkennen, welche genauen kostenmäßigen und damit auch ergebnismäßigen Auswirkung bestimmte Entscheidungen haben, z.B. die Annahme oder Ablehnung eines zusätzlichen Auftrages.**

Diese Auswirkungen kann man bei dieser Art der Rechnung immer erst im nachhinein feststellen, da die Gesamtkosten eines Produktes eine bis zu einem gewissen Grad „fiktive" Größe sind, denn sie verändern sich wegen der Proportionalisierung der Fixkosten mit jeder Beschäftigungsänderung.

Positiv anzumerken bei der starren Plankostenrechnung ist ohne Zweifel die Tatsache, daß auch sie bereits zu einer spürbaren

> **Verbesserung der Wirtschaftlichkeit**

im Unternehmen führt. Denn Kostenplanung bedeutet auch immer Einwirkung auf Betriebsprozesse in Richtung einer verbesserten Wirtschaftlichkeit und damit Einsparung von Kosten.

Von Vorteil ist auch ihre **relativ einfache Handhabung bei geringerem Planungsaufwand** im Vergleich zu einer flexiblen Plankostenrechnung. Noch günstiger ist die Situation, was die Arbeit mit einer starren Plankostenrechnung betrifft, wenn das Unternehmen in der Lage ist, die Istbeschäftigung während des Planjahres relativ gut abschätzen zu können. In diesem Falle, wenn also Plan- und Istbeschäftigung nicht zu stark voneinander abweichen, ist auch die starre Plankostenrechnung ein *akzeptables Instrument* für die Kostenkontrolle, denn die Plankosten sind dann gleichzeitig auch in etwa Sollkosten.

Auf jeden Fall ist die starre Plankostenrechnung sicherlich ein **guter Weg für die Einführung einer Plankostenrechnung**, gleichsam als erste Stufe auf dem Weg zu einer flexiblen Plankostenrechnung. Auf diese Weise kann man sich auch mit einem *relativ kleinen Mitarbeiter-, Zeit- und Kostenaufwand* an die Einführung einer Plankostenrechnung wagen. Oftmals wird nämlich insbesondere von kleineren und mittleren Firmen, die keine Plankostenrechnungsexperten in ihrem Mitarbeiterkreis haben, die Einführung einer Plankostenrechnung wegen des damit verbundenen Aufwandes gescheut.

Außerdem gewinnt man auf diese Weise wertvolle, **firmenspezifische Planungserfahrung**, die dem Unternehmen dann später, bei Einführung der zwar wirkungsvolleren aber auch komplizierteren und aufwendigeren flexiblen Plankostenrechnung, sehr zustatten kommt.

2.2 Die flexible Plankostenrechnung auf Vollkostenbasis

Bei beiden Formen der flexiblen Plankostenrechnung ist es im Gegensatz zur starren Plankostenrechnung möglich, für jede Istbeschäftigung die dazugehörenden Sollkosten zu ermitteln. Voraussetzung ist, daß die Kosten in ihre *fixen und variablen Beträge* aufgeteilt werden. Da zwischen Sollkosten und Beschäftigungsänderungen ursächliche Zusammenhänge bestehen, stellen die Sollkosten bei jedem Beschäftigungsgrad einen Maßstab für optimales wirtschaftliches Handeln dar. Auf diese Weise ist durch einen Vergleich der Istkosten mit den Sollkosten eine wirkliche ***Kontrolle* der Kosten in jeder Beschäftigungssituation möglich**.

Wird bei den Sollkosten nur **ein einziger Kostenbestimmungsfaktor berücksichtigt** und alle anderen als konstant im Vergleich mit der Planungssituation angenommen, so spricht man von einer **einfach-flexiblen Plankostenrechnung**. Um die Effektivität der Kostenkontrolle zu erhöhen, ist es jedoch oft sinnvoll, **mehrere Kostenbestimmungsfaktoren zu berücksichtigen**. Geschieht dies, so liegt eine **mehrfach-flexible Plankostenrechnung** vor. Hierbei sind die Sollkosten als Funktion mehrerer Kostenbestimmungsfaktoren ausgedrückt. Die sogenannte **voll-flexible Plankostenrechnung**, bei der die Sollkosten eine Funktion **aller existierenden Kostenbestimmungsfaktoren** darstellen, gibt es nur in der Theorie.

Bei der flexiblen Plankostenrechnung auf Vollkostenbasis werden **Sollkosten nur im Rahmen der Kostenstellenrechnung**, d.h. nur für Zwecke der Kostenkontrolle auf den Kostenstellen, errechnet. In der **Kostenträgerrechnung** wird jedoch weiter, wie in der starren Plankostenrechnung, mit **verrechneten Plankosten**, also mit Vollkosten, kalkuliert. Auch die Verrechnungssätze der innerbetrieblichen Leistungen werden weiterhin zu Vollkosten geplant.

Bei der flexiblen Plankostenrechnung auf Vollkostenbasis ist zum ersten Mal eine

effektive Kostenkontrolle

möglich. Durch einen Vergleich der **Sollkosten** der Istbeschäftigung mit den **Istkosten** und mit den **verrechneten Plankosten** der gleichen Beschäftigung kann die **Gesamtabweichung** zwischen Istkosten und verrechneten Plankosten in eine **Verbrauchs-** und in eine **Beschäftigungsabweichung** unterteilt werden und somit eine erste **Abweichungsanalyse** mit **Ursachenermittlung** vorgenommen werden.

Die **Beschäftigungsabweichung** ergibt sich aus der **Differenz zwischen Sollkosten und verrechneten Plankosten** der Istbeschäftigung. Sind Plan- und Istbeschäftigung gleich, so ist sie gleich Null. Die Beschäftigungsabweichung gibt die nicht vollständig genutzte Kapazität des Unternehmens an. **Die Differenz zwischen Istkosten und Sollkosten ist die Verbrauchsabweichung**. Sie stellt die Höhe der Kosten für gegenüber der Planung mehr oder weniger verbrauchte Mengen der Produktionsfaktoren dar. Deshalb wird sie auch (speziell im Unterschied zur Preisabweichung) ganz allgemein als **Mengenabweichung** bezeichnet. Es existieren also für den gleichen Begriff zwei unterschiedliche Bezeichnungen, je nachdem in

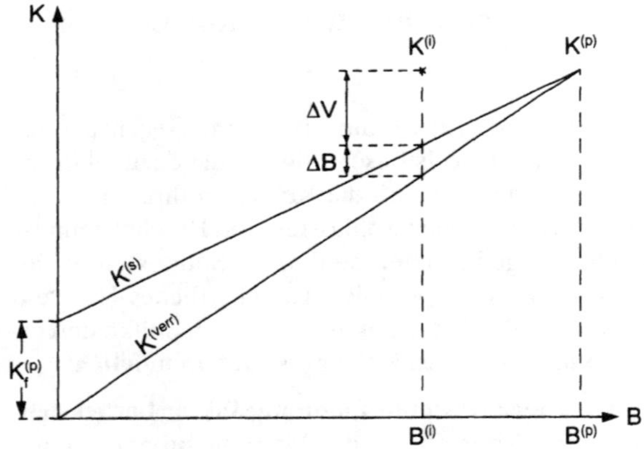

K	= Kosten	B	= Beschäftigung
$K^{(p)}$	= Plankosten	$B^{(P)}$	= Planbeschäftigung
$K^{(i)}$	= Istkosten	$B^{(I)}$	= Istbeschäftigung
$K_f^{(p)}$	= geplante Fixkosten	$K^{(S)}$	= Sollkosten
$K^{(verr)}$	= verrechnete Plankosten	ΔB	= Beschäftigungsabweichung
ΔV	= Verbrauchsabweichung		

Schaubild 6: Flexible Plankostenrechnung auf Vollkostenbasis

welchem Zusammenhang man die Abweichung betrachtet. Für eine genauere Kostenkontrolle muß die Verbrauchsabweichung in Teilabweichungen, die sogenannten **„Spezialabweichungen"** aufgespalten werden (vgl. Kapitel 9.3.3).

Beispiel 2:
Die im Beispiel 1 aufgezeigte Kostensituation soll im Rahmen einer flexiblen Plankostenrechnung auf Vollkostenbasis analysiert werden:

Planbeschäftigung, $B^{(p)}$: 15.000 Fertigungsstunden
Plankosten, fix, $K_f^{(p)}$: 75.000,–
Plankosten, proportional, $K_v^{(p)}$: 90.000,–
Plankosten, gesamt, $K^{(p)}$: 165.000,–

Festgestellte Istbeschäftigung, $B^{(i)}$: 10.000 Fertigungsstunden
Festgestellte Istkosten, $K^{(i)}$: 150.000,–

Verrechnete Plankosten, $K^{(verr)}$, bei 10.000 Fertigungsstunden:

$K^{(verr)}$ = Plankalkulationssatz × Istbeschäftigung

$$\text{Plankalkulationssatz} = \frac{\text{Plankosten}}{\text{Planbeschäftigung}} = \frac{165.000}{15.000} = 11,\text{– DM/Std.}$$

$K^{(verr)} = 11 \times 10.000 = 110.000,\text{– DM}$

$$\text{Sollkosten, } K^{(s)} = K_f^{(p)} + \frac{K_v^{(p)}}{B^{(p)}} \cdot B^{(I)}$$

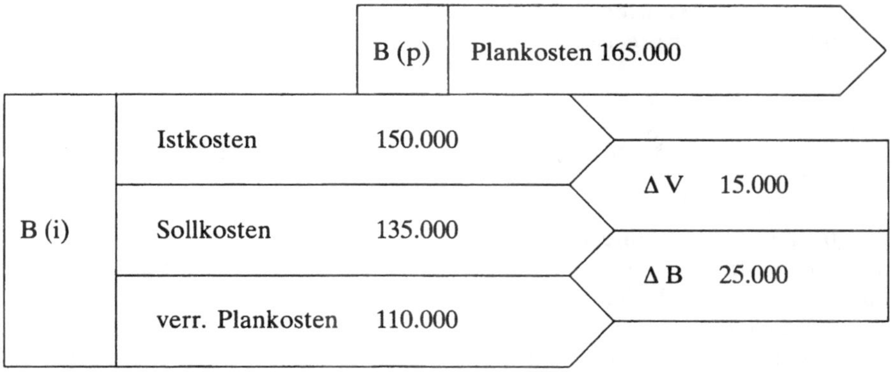

$$K^{(s)} = 75.000,\text{–} + \frac{90.000,\text{–}}{15.000} \times 10.000 = 75.000,\text{–} + 60.000,\text{–} = 135.000,\text{– DM}$$

$$\Delta V = K^{(i)} - K^{(s)} = 15.000,\text{– DM}$$
$$\Delta B = K^{(s)} - K^{(verr)} = 25.000,\text{– DM}$$

Für die Beurteilung der Istkosten auf die Angemessenheit ihrer Höhe hin spielen die Plankosten keine Rolle, da sie einen anderen Beschäftigungsgrad betreffen. Die Meßlatte, an der die Istkosten gemessen werden, *sind die Sollkosten*.

Die **Verbrauchsabweichung** zeigt an, daß die Istkosten 15.000,– DM höher sind als sie bei optimalem Betriebsablauf hätten sein dürfen. Hier haben jetzt anzustellende Ermittlungen zu klären, woran dies gelegen hat. Aus dieser Erkenntnis heraus sind Maßnahmen einzuleiten, die in der Zukunft der unerwünschten Kostenentwicklung entgegenwirken sollen.

Die **Beschäftigungsabweichung** wird zwar als Folge des Beschäftigungsrückganges im Vergleich zur geplanten Beschäftigung interpretiert, hat jedoch keine tiefergehende Aussagekraft. Der Plankalkulationssatz zu Vollkosten ist selbstverständlich immer falsch, sobald die Istbeschäftigung von der Planbeschäftigung abweicht. Da es also nicht sinnvoll ist, falsch errechnete Kosten als Maßstab zu nehmen, ist die **Beschäftigungsabweichung allenfalls für theoretische Überlegungen von Interesse, nicht für praktische Zwecke**.

> **Der Vorteil der flexiblen Plankostenrechnung auf Vollkostenbasis liegt im Gegensatz zur starren Plankostenrechnung in einer leistungsfähigen Kostenkontrolle.**

Der **Nachteil** der flexiblen Plankostenrechnung auf Vollkostenbasis ergibt sich durch die **nicht verursachungsgerechte Verteilung der Fixkosten auf die Kostenträger**. Wie in der starren Plankostenrechnung sind auch hier die Fixkosten in den Kalkulationssätzen enthalten. Zur Lösung von dispositiven Aufgaben der kurzen

Frist bei nicht veränderten Fixkosten ist die flexible Plankostenrechnung auf Vollkostenbasis dementsprechend nicht zweckmäßig[3].

2.3 Die Grenzplankostenrechnung

Die flexible Plankostenrechnung auf Grenzkostenbasis (Grenzplankostenrechnung) ist bestrebt, die Kalkulationsmöglichkeiten gegenüber der flexiblen Plankostenrechnung auf Vollkostenbasis zu verbessern. Zu diesem Zweck wird in der Kostenträgerrechnung im Gegensatz zur flexiblen Plankostenrechnung auf Vollkostenbasis nicht länger mit geplanten Vollkosten kalkuliert. Es wird sowohl bei den **innerbetrieblichen Leistungen** als auch bei der Ermittlung von **Kalkulationssätzen der Hauptkostenstellen** mit **geplanten proportionalen Kosten** gerechnet. Die so ermittelten Kalkulationssätze sind beschäftigungsunabhängig, da die fixen Kosten dort nicht auftauchen, sondern in der kurzfristigen Erfolgsrechnung „en bloc" verrechnet werden. Die Kontrolle der Kosten wird in der Grenzplankostenrechnung genau wie in der flexiblen Plankostenrechnung auf Vollkostenbasis durchgeführt, d.h. **der Sollkostenverlauf ist bei beiden Kostenrechnungssystemen identisch**.

Die verrechneten Plankosten in der Grenzplankostenrechnung enthalten im Gegensatz zur flexiblen Plankostenrechnung auf Vollkostenbasis **keine fixen Kosten**. Dadurch verhalten sich die verrechneten Plankosten proportional zur Beschäftigungsänderung. Setzt man einen linearen Gesamtkostenverlauf voraus, dann **stimmen die variablen Sollkosten und verrechneten Plankosten überein**.

Beispiel 3:
Die Errechnung der Sollkosten in Höhe von 135.000,– DM erfolgt wie bei der flexiblen Plankostenrechnung auf Vollkostenbasis (Beispiel 2). Als Istkosten sollen wiederum 150.000,– DM angefallen sein.

Die Verbrauchsabweichung ist also ebenfalls wieder 15.000,– DM. Da als Kalkulationssatz nur mit dem (Grenz-) Plankalkulationssatz gerechnet wird, entsprechen die verrechneten Plankosten den variablen Sollkosten und unter Hinzurechnung der fixen Plankosten den gesamten Sollkosten:

$$\text{Verrechnete Grenz-Plankosten} = \frac{K_v^{(p)}}{B^{(p)}} \times B^{(i)} = \frac{90.000,-}{15.000} \times 10.000$$

	= 60.000,–
+ fixe Plankosten	75.000,–
= Sollkosten	135.000,– DM

[3] vgl. Haberstock, L.: Kostenrechnung II, 7. Auflage, Hamburg 1986, S. 24 ff; Kilger, W.: Flexible Plankostenrechnung, 7. Auflage, Wiesbaden 1977, S. 72; Männel, W.: Kostenrechnung 2, Moderne Verfahren und Systeme, 3. Auflage, Wiesbaden 1983, S. 138

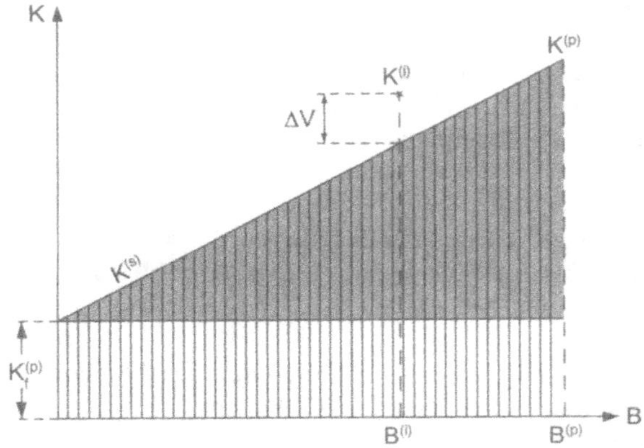

K = Kosten
$K^{(p)}$ = Plankosten
$K^{(i)}$ = Istkosten
$K_f^{(p)}$ = geplante Fixkosten
$K^{(S)}$ = Sollkosten
//// = gesamte Plankosten unter Einbeziehung der Fixkosten
:::: = verrechnete Plankosten = variable Sollkosten

B = Beschäftigung
$B^{(p)}$ = Planbeschäftigung
$B^{(i)}$ = Istbeschäftigung
ΔV = Verbrauchsabweichung

Schaubild 7: Grenzplankostenrechnung

Auf die Produkte werden also nur die verursachungsgerecht zurechenbaren variablen Sollkosten (= verrechnete Plankosten der Grenzplankostenrechnung) verrechnet. Die Fixkosten werden in einer Summe in der Ergebnisrechnung berücksichtigt. Die Errechnung der nicht aussagekräftigen Beschäftigungsabweichung entfällt.

Auch bei der Grenzplankostenrechnung muß selbstverständlich im Rahmen einer genauen Kostenkontrolle die ***Verbrauchsabweichung in Spezialabweichungen aufgespalten*** werden, um die letztendlichen Ursachen der Kostenabweichungen ermitteln zu können[4].

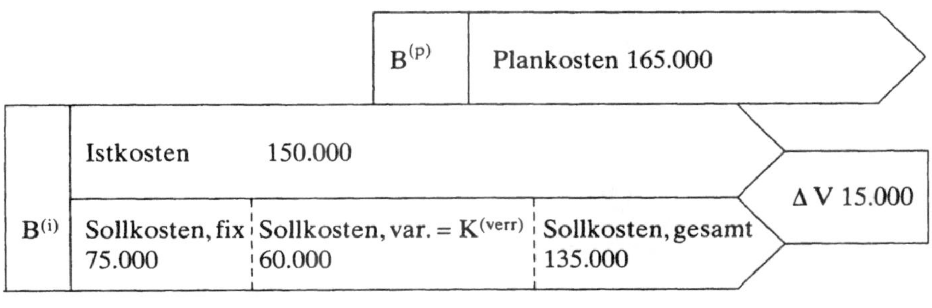

---

[4] vgl. Kap. 9.3.3

Da bei der Grenzplankostenrechnung die Fixkosten nicht den einzelnen Kostenträgern zugeordnet werden, sondern getrennt in einer Summe in der Ergebnisrechnung verrechnet werden, ist diese Rechnung für ***kurzfristige dispositive Aufgaben*** gut geeignet, denn sie enthält nur stückabhängige Daten. Damit sind außer den Erlösen auch die Kosten und damit der Erfolg einer Entscheidung eindeutig errechenbar.

> **Kurzfristige Dispositionen sind solche Entscheidungen, die nicht zu Veränderungen der Fixkosten führen, bei denen also nur die variablen Kosten entscheidungsrelevant sind.**

Klassisches Beispiel dafür ist die Entscheidung über Annahme oder Ablehnung eines Zusatzauftrages zu schlechteren als normal üblichen Preisen.

Schwerwiegende Nachteile der Grenzplankostenrechnung sind nicht bekannt. Lediglich die Verfechter der Vollkostenrechnung haben Einwände, die sich zwar nicht gegen die Planung der Kosten, aber gegen das Arbeiten mit Grenzkosten richten, da sie die Gefahr unnötiger oder zu schneller Preissenkungen zu erkennen glauben. Dabei wird allerdings übersehen, daß **die *Preise am Markt* nicht durch die Kostenrechnung festgesetzt** werden. Ihre Aufgabe in diesem Zusammenhang beschränkt sich vielmehr nur auf die Errechnung von noch für das Unternehmen ***akzeptablen Preisuntergrenzen***.

Darüber hinaus kann bei Kaufleuten, die in der Lage sind, Grenzkosten zu errechnen, sicherlich so viel betriebswirtschaftliches Fachwissen unterstellt werden, daß sie nicht der Meinung sein können, nur diese Grenzkosten verdienen zu müssen.

3. Allgemeine Grundlagen der Kostenplanung und Kostenkontrolle

In einer Zeit des allseitig zugestandenen Versagens des Wirtschaftssystems der Planwirtschaft ist es sicherlich angebracht, kurz darauf einzugehen, warum es dennoch sinnvoll ist, daß Unternehmen ihren Handlungen Pläne zugrunde legen.

Das Problem der Planwirtschaft war die Deckung des Bedarfs, der in diesem Wirtschaftssystem auch seine Planung voraussetzte. Dieses Problem aber ist nicht zu lösen und führt zu äußerst negativen Begleiterscheinungen in allen Lebensbereichen des Menschen, einschließlich seiner Umwelt.

> **Die Vielfältigkeit des Bedarfs und sein Wechsel, d.h. der Mensch mit seinen Bedürfnissen, Ideen, Fähigkeiten, Zielen, Intuitionen, Wünschen und Handlungen, ist nicht planbar.**

Eine Planwirtschaft kann nur dann funktionieren, wenn der Mensch so in den Plan integriert ist, daß auch er „programmierbar funktioniert" – *und das wird der Menschheit hoffentlich auch in Zukunft erspart bleiben!*

Soweit aber Gebilde und Aktivitäten überschaubar sind, hat es sich durchaus als vorteilhaft herausgestellt – wie ebenfalls die Erfahrung zeigt – planerisch vorzugehen. Dies gilt für den einzelnen Menschen in Verfolgung seiner persönlichen Lebensziele und auch für ein Unternehmen, als gerade noch überschaubares Gebilde mit ebenfalls noch überschaubaren Aktivitäten. **Hier ist es durchaus zweckmäßig Pläne aufzustellen, um** – dem wirtschaftlichen Prinzip folgend – ***ein gegebenes Ziel zum Wohle aller Beteiligten mit möglichst geringem Aufwand zu erreichen.***

In beiden Fällen, sowohl beim menschlichen Individuum als auch bei einem Unternehmen, sind die **zwei für eine sinnvolle Planung notwendigen Prämissen** gegeben:

(1) überschaubares Gebilde und
(2) überschaubare Aktivitäten.

Unter diesen Voraussetzungen ist für eine begrenzte Zeitspanne eine Planung bis in das Detail allen anderen Vorgehensweisen überlegen.

Geplant werden im Unternehmen nicht nur die Kosten sondern alle wesentlichen Aktivitäten bzw. Bereiche. Das bedeutet, daß viele einzelne Pläne, *sogenannte* ***Teilpläne,*** erstellt werden müssen, die, aufeinander abgestimmt, ein **Planungssystem** ergeben.

Beispiele für solche Teilpläne sind:
- Auftragseingangsplan,
- Umsatzplan,
- Personalplan,

- Beschaffungsplan,
- Produktionsplan,
- Investitionsplan,
- Werbeplan und
- u.a. auch der Kostenplan, d.h. die Planung aller im Unternehmen wahrscheinlich anfallenden Kosten und ihre Zusammenfassung.

Die Kostenplanung ist eine der zentralen Planungsaktivitäten des Unternehmens, denn der Kostenplan – in seinem Umfang letztendlich festgelegt durch den Umsatzplan und den sich daraus ergebenden sonstigen Teilplänen – ist der *eiserne Rahmen*, in den sich alle anderen geplanten Maßnahmen unerbittlich einfügen müssen.

3.1 Die Planung der Leistung

Die **Basis für die Planung der Kosten** (und für die Erstellung der anderen Teilpläne) ist die **Leistungsplanung**. Sie muß zeitlich vor der Kostenplanung liegen. Zumindest gilt dies für solche Bereiche, deren Tätigkeitsumfang merklich vom Leistungsumfang beeinfluß wird, also z.B. für den *Produktionsbereich*.

Im Bereich der *kaufmännischen Verwaltung* – z.B. bei den Kostenstellen Betriebswirtschaft, Organisation, Buchhaltung, Revision – ist der Zusammenhang nicht so eng. Hier haben in der Regel die im Bereich des Möglichen liegenden jährlichen Leistungsänderungen keine allzu großen Auswirkungen auf die Kostenplanung für diese Kostenstellen.

Die für das Unternehmen wesentliche Leistung ist der Umsatz. Die Umsatzplanung ist das Kernstück der Leistungsplanung. Hinzu kommen noch innerbetriebliche Leistungen, insbesondere selbst erstellte Anlagegegenstände und Bestandserhöhungen an unfertigen und fertigen Produkten. Somit ergibt sich folgende Dreiteilung der **für die Planung wichtigsten Leistungsarten**:

(1) Kundenleistungen (Umsatzerlöse)
(2) Lagerleistungen (Bestandserhöhungen)
(3) Zu aktivierende Eigenleistungen

Die Umsatzplanung ist weniger aufwendig als die Kostenplanung. Der Vertrieb plant die Mengen der verkauften Produkte und multipliziert sie mit den wahrscheinlichen Marktpreisen. Entsprechend erfolgt die Planung der anderen Leistungsarten, indem man zunächst Mengen plant und die Mengen dann mit Preisen bzw. Kosten bewertet.

Man kann die Umsatzplanung auch **nur wertmäßig** vornehmen, was meist weniger Planungsaufwand bedeutet. Dafür ist die Planung dann aber nicht so exakt und die Analyse der Umsatzabweichungen wird erschwert (vgl. Kapitel 9.5).

Im Zusammenhang mit der Umsatzplanung müssen auch Überlegungen bezüglich

(1) Sortiment,
(2) Produktqualität,
(3) Zielgruppe,
(4) Preispolitik,
(5) Absatzwege und
(6) Absatzförderungsmaßnahmen

angestellt werden, um auch auf der Leistungsseite Schwachstellen aufzudecken, unerwünschten Entwicklungen gegenzusteuern und neuen Ideen Raum zu geben. Diese Überlegungen sind jedoch nicht immer wieder bei jeder Umsatzplanung erneut bis in die letzte Einzelheit anzustellen. Es erfolgt vielmehr oft nur eine Überprüfung, ob Änderungen in diesem Zusammenhang zweckmäßig sind. Ein Unternehmen kann normalerweise in diesen Bereichen nicht jährlich wesentliche Kursänderungen vornehmen, sondern nur **von Zeit zu Zeit Kurskorrekturen**.

Grundlagen für die Umsatzplanung sind:

(1) Marktbeobachtungen
(2) Marktanalysen
(3) Umsatzstatistiken
(4) sonstige Ergebnisse der Marktforschung.

Geplant wird der Umsatz, wie auch die sonstigen Leistungsarten, ebenso wie die Kosten, jeweils **monatlich**. Nur auf diese Weise können wichtige Einflußfaktoren auf die Leistung, wie z.B. Saisonschwankungen, Zahl der Werktage oder Urlaubszeiten hinreichend genau berücksichtigt werden (Schaubild 8).

Zu einer exakten Leistungsplanung gehört auch die Planung der den Kunden gewährten Rabatte, Skonti, Boni usw. Sie werden als getrennte Positionen im Rahmen der Plan-Ergebnisrechnung angesetzt und auch in den monatlichen Soll-Ist-Vergleich mit einbezogen.

Ist die Leistungsplanung abgeschlossen, beginnt die Kostenplanung.

3.2 Kostenplanungstechniken

Unter Kostenplanungstechniken sind grundsätzliche Vorgehensweisen bei der Art und Weise der Planung der Kosten zu verstehen. Die wesentlichsten sind die folgenden:

1) Planung aufgrund rechnerischer und technisch-naturwissenschaftlicher Methoden

Diese Planungsmethode ist ohne Zweifel die exakteste. Völlig losgelöst von Vergangenheitswerten, die unwirtschaftliche Arbeits- und Verhaltensweisen oder Fehler und Unkorrektheiten enthalten können, wird die Errechnung der Plankosten vorgenommen.

	Januar			Februar			...	Dezember			Jahr gesamt		
	Menge (Stck)	Preis DM	Umsatz (DM)	Menge (Stck)	Preis (DM)	Umsatz (DM)		Menge (Stck)	Preis (DM)	Umsatz (DM)	Menge (Stck)	Ø Preis (DM)	Umsatz (DM)
Produkt 1													
Produkt 2													
⋮													
Produkt 10													
Summe													

Schaubild 8: Die Umsatzplanung

Dies kann erfolgen durch Anwendung mathematischer Rechenoperationen, wie z.B.

(1) Division des Wiederbeschaffungswertes einer Maschine durch die von ihr während ihrer Lebensdauer wahrscheinlich insgesamt abgegebenen Leistungseinheiten (Maschinenstunden) und Multiplikation des DM-Betrages pro Maschinenstunde mit der Zahl der geplanten Maschinenstunden eines Monats (Planung von Abschreibungen) oder

(2) Festlegung der Höhe der Gehälter der Mitarbeiter einer Kostenstelle und ihre Addition (Planung von Gehaltskosten).

Ein weiteres Beispiel hierzu wäre die oft im Fertigungsbereich anzutreffende Kostenplanungstechnik, die bei der Errechnung der Plankosten auf technische Verbrauchsfunktionen, Stücklisten, Vorgabezeiten oder Fertigungsablaufpläne zurückgreift.

Diese Planungstechnik ist vorbildlich, deckt sie doch alle Unwirtschaftlichkeiten auf und liefert ***echte Vorgabewerte für den optimalen Einsatz aller Produktionsfaktoren***. Sie bedingt allerdings oft einen ***hohen Planungsaufwand***.

2) Planung aufgrund von Schätzungen betrieblicher Fachleute

Diese Kostenplanungstechnik ist stark im kaufmännischen Unternehmensbereich – wenn auch nicht nur dort – anzutreffen, weil sich dort viele Kosten einer Errechnung nach exakten wissenschaftlichen Methoden entziehen (z.B. Planung von Rechtsanwaltskosten, Wagniskosten) oder diese Planungstechnik zu aufwendig ist (z.B. bei der Planung von Reise- und Bewirtungskosten).

Erfahrene Kostenplaner können aber auch auf diese Weise zu sehr exakten Werten kommen.

3) Planung aufgrund statistischer Vergangenheitswerte

Bei dieser Methode werden die ***Plankosten aus Vergangenheitswerten abgeleitet.*** Dies ist zwar keine vorbildliche Vorgehensweise, ist aber unter bestimmten Voraussetzungen zu vertreten, z.B. wenn eine exakte Errechnung von Plankosten unwirtschaftlich ist. Dies ist oft bei der Planung von Büromaterialien und Kleinmaterialkosten der Fall. Jeden Radiergummi oder jede Schraube einzeln zu planen, ist in der Regel nicht sinnvoll.

4) Planung aufgrund externer Richtzahlen

Diese Kostenplanungstechnik bedient sich der Ergebnisse wissenschaftlicher Untersuchungen, der Angaben von Unternehmensverbänden z.B. bezüglich bestimmter Verbrauchsnormen oder der Angaben von Fachfirmen. So stellen oft Maschinenlieferanten ihren Kunden die Ergebnisse ihrer technischen Berechnungen – wie z.B. Angaben über den Energieverbrauch einer Maschine – zur Verfügung.

Diese Kostenplanungstechnik liefert ebenfalls sehr exakte Werte. ***Man muß allerdings sorgfältig ermitteln, ob diese externen Werte auch tatsächlich mit den unternehmensinternen Kostenentstehungsursachen korrespondieren***.

5) Planung aufgrund von Mustern und Probeläufen

Diese Kostenplanungstechnik ist sehr aufwendig, liefert aber genaue Planzahlen. ***Sie lohnt nur bei Produkten, die in größeren Mengen über eine längere Zeit gefertigt werden***.

Musteranfertigungen findet man z.B. in der Automobil- und Möbelbranche, insbesondere im Zusammenhang mit der Herstellung geänderter Produkte.

Kostenplanung aufgrund von Probeläufen findet man in der Chemiebranche und in der Konsumgüterindustrie, z.B. in Brotfabriken.

Im Rahmen der Kostenplanung wendet der Planende, unter Abwägung der Vor- und Nachteile, je nach den Gegebenheiten unterschiedliche Kostenplanungstechniken bei den einzelnen Kostenarten an.

Schließlich werden im Rahmen der Planungsarbeiten vom Unternehmen noch sog. **Rundungsvorschriften** erlassen. Es würde einen nicht vorhandenen Genauigkeitsgrad der Plankosten vortäuschen und auch eine unwirtschaftliche Mehrarbeit bedeuten, wenn man „pfenniggenaue" Plankosten errechnen würde. Daher wird festgelegt, auf welchen Betrag geplante Kosten abzurunden sind: auf 1 DM, 10 DM, 100 DM usw. Die Rundung ist abhängig von der Größenordnung der errechneten Plankosten.

3.3 Die Planungs- und Kontrollperiode

Die übliche Planungsperiode ist das Jahr, unterteilt nach Monaten. Geplant wird von „unten" nach „oben", also monatsweise, wobei die Monatszahlen zur Jahreszahl addiert werden.

Die Kontrolle der Kosten muß unbedingt monatlich erfolgen, da jede größere Kontrollzeitspanne zu spät die aus ihr gezogenen Erkenntnisse liefert. Aus unerwünschten Entwicklungen resultierende Maßnahmen können nicht früh genug eingeleitet werden.

Da der Kalendermonat zwischen 28 und 31 Tagen schwankt, wurde in der Vergangenheit versucht, das Jahr in 13 „Monate" zu je vier Wochen zu unterteilen. Diese Methode hat sich jedoch nicht durchgesetzt, weil ein beachtlicher Teil der *Fixkosten*, wie z.B. Gehälter und Mieten, *jeden Kalendermonat anfallen*. Die *variablen Kosten* werden außerdem von der Länge eines Monats nur indirekt beeinflußt, da sie von der *erbrachten Leistungsmenge abhängig* sind[5].

---

[5] vgl. Kilger, W.: Flexible Plankostenrechnung, a.a.O., S. 317

Zuweilen wird versucht, die Kontrolle der Kosten in kürzeren Zeitabständen als dem Kalendermonat durchzuführen. Möglich wird dies durch den verstärkten Einsatz der elektronischen Datenverarbeitung im Rechnungswesen. Allerdings können bei dieser Vorgehensweise lediglich die wichtigsten Kostenarten kontrolliert werden. *Ein vollständiger Soll-Ist-Vergleich kann dann auch nur wieder monatsweise durchgeführt werden.*

Kostenstellen, bei denen keine Bezugsgrößen gefunden werden können, werden „budgetiert", d.h. *unabhängig von der (nicht feststellbaren) Leistung der Kostenstelle starr geplant.* Die in der Literatur anzutreffende Feststellung jedoch, daß in diesem Fall die Kontrolle der Kosten lediglich einmal im Jahr durchgeführt zu werden braucht[6], muß aus den Erfahrungen der Praxis heraus bestritten werden. *Auch bei diesen Kostenstellen zeigt sich oft, daß es zu erheblichen Soll-Ist-Abweichungen kommen kann*, z.B. weil Planungsvoraussetzungen nicht eingetroffen sind. Diese Abweichungen müssen selbstverständlich auch monatlich dokumentiert werden, da auch sie Erkenntnisse bringen und Maßnahmen zur Folge haben müssen.

Wenn auch die Haupt-Kontrollperiode der Monat ist, so wird sie aber noch ergänzt durch die Kontrolle der bis zum Kontrollzeitpunkt kumulierten Jahresmonate. Letztere Kontrolle liefert z.B. dann wesentliche zusätzliche Informationen, wenn in Einzelmonaten große Abweichungen entstanden sind, die sich aber bei einer kumulierten Betrachtung im Laufe des Jahres saldieren.

Beispiel: Es wurde eine Großreparatur auf der Kostenstelle „Dreherei" für den September geplant, wegen schlechter Auftragslage aber in den Mai vorgezogen. Im Mai würde der Soll-Ist-Vergleich eine große Überschreitung der geplanten Kosten ergeben, im September dafür eine wesentliche Unterschreitung, so daß für die Zeitspanne Januar bis September insgesamt keine wesentliche Soll-Ist-Abweichung mehr aus dieser Maßnahme resultiert.

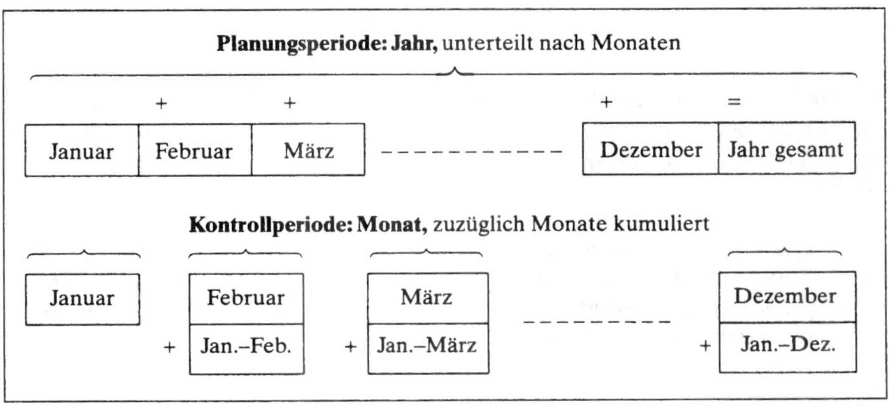

Schaubild 9: Planungs- und Kontrollperiode

[6] z.B. Haberstock, L.: Kostenrechnung II, 2. Auflage, Wiesbaden 1976, S. 41; ähnlich Kalveram, Kilger, Marek, Wöhe

3.4 Differenzierung der Kosten nach Kostenarten

Die Kosten werden unterteilt nach Kostenarten geplant.

„Denn globalere Planungsmethoden, mit denen versucht wird, alle oder mehrere Gemeinkostenarten in einem Zuge zu planen, führen viel leichter zu Fehlern als eine differenzierte Planungsmethode“[7] und würden somit das Planungsergebnis oft verfälschen. Das gleiche gilt für die Kostenkontrolle. Des weiteren wäre auch ein Soll-Ist-Vergleich auf der Ebene der Kostenartenrechnung nicht mehr möglich.

Die geplanten Kosten und die Istkosten sind in einem **Kostenartenplan** so abzustimmen, daß bei dem späteren Soll-Ist-Vergleich keine Unstimmigkeiten in den Kostenbezeichnungen bzw. in den Kosteninhalten entstehen können.

Stark beeinflußbare Kostenarten, wie z.B. die Lohn- und Materialkosten im Bereich der Fertigung, werden zum Zweck der späteren Abweichungsanalyse besser strukturiert als Kosten, die nicht so gut beeinflußbar sind, wie dies z.B. bei den Steuern oder den gesetzlichen Sozialkosten der Fall ist. **Die Stärke der Aufgliederung hängt von der angestrebten Exaktheit der Planung und Kontrolle ab**. Die Kontierung der Istkosten soll jedoch so einfach wie möglich bleiben[8].

Auch die **Sekundärkosten,** die den bewerteten Austausch von Leistungen zwischen den Kostenstellen wiedergeben, werden in der Plankostenrechnung sowohl geplant als auch kontrolliert. Es ist sinnvoll, die Sekundärkosten aus abrechnungstechnischen Gründen in den Kostenartenplan zu übernehmen[9].

3.5 Grundsätze für die Einteilung des Betriebes in Kostenstellen

Die große Bedeutung der Kostenstellenrechnung innerhalb der Plankostenrechnung ergibt sich zum einen aus ihren *Planungs- und Kontrollaufgaben* und zum anderen dadurch, *daß auf der Ebene der Kostenstellen die Kosten beeinflußt werden können.*

> **Die Gemeinkosten werden pro Kostenstelle geplant und kontrolliert. Die Einzelkosten werden zwar pro Kostenträger geplant, die Kontrolle erfolgt jedoch auch innerhalb der Kostenstellenrechnung im Verantwortungsbereich der jeweiligen Kostenstellenleiter.**

---

[7] Kilger, W.: Flexible Plankostenrechnung, a.a.O., S. 318

[8] vgl. Habersstock, L.: Kostenrechnung II, a.a.O., S. 44

[9] vgl. Giesen, H.; Heck, A.; Reisel, R.: Plankostenrechnung, Verfahren ..., a.a.O., S. 84 f; Haberstock, L.: Kostenrechnung II, a.a.O., S. 43 ff; Kilger, W.: Flexible Plankostenrechnung, a.a.O., S. 318 f; Silber, G.: Grenzplankostenrechnung mit EDV, München 1975, S. 216

Grundlage für die Planung und Kontrolle der Kosten ist eine *sinnvolle* ***Gliederung der Kostenstellen*** *und* die ***Bildung von Bezugsgrößen als Maßstäbe der Kostenverursachung*** (vgl. Kapitel 5). Beide Maßnahmen stehen in einem engen Verhältnis, so daß es sinnvoll ist, sie zusammenhängend durchzuführen.

Die Unterteilung jedes einzelnen Betriebes in Kostenstellen hängt von diversen Faktoren ab, wie z.B.:

(1) Betriebsgröße
(2) Branche
(3) Produktionsprogramm und -verfahren
(4) organisatorische Gliederung
(5) angestrebte Kalkulationsgenauigkeit
(6) angestrebte Kostenkontrollgenauigkeit[10].

Für die Einteilung eines Betriebes in Kostenstellen gelten **drei Grundsätze**[11]:

1) Eine Kostenstelle sollte ein selbständiger Verantwortungsbereich sein und wenn möglich eine räumliche Einheit bilden.

2) Die Bildung einer Kostenstelle ist auch unter dem Gesichtspunkt vorzunehmen, daß es möglich ist, für sie eine möglichst genaue Bezugsgröße zu finden.

3) Die Istkostenbelege sollten sich für jede Kostenstelle eindeutig und einfach kontieren lassen.

Diese drei Grundsätze lassen sich nicht immer gleichzeitig vorbildlich erfüllen. ***Es muß deshalb eine Lösung gefunden werden, durch die alle drei Anforderungen möglichst gut erfüllt werden.*** Je kleiner eine Kostenstelle ist, um so eher lassen sich homogene Bezugsgrößen (vgl. Kapitel 5.1.1) finden. Es ist also anzustreben, möglichst kleine Kostenstellen zu bilden. Dagegen spricht jedoch die einfache und schnelle Abrechnung der Istkosten. Zur Lösung dieses Problems in besonders schwierigen Fällen sind insbesondere **zwei Verfahren zur Kostenstelleneinteilung im Rahmen der Plankostenrechnung** zu erwähnen.

1) Die Kostenplatzrechnung

Für die Bildung von Kostenplänen werden die **Kostenstellen in einzelne Kostenplätze unterteilt**, so daß jeweils **verursachungsgerechte Bezugsgrößen** gefunden werden können. Kostenplätze können z.B. einzelne Maschinen oder Arbeitsplätze sein. Kontrolliert wird, im Gegensatz zur Planung, nicht kostenplatzweise, sondern pro Kostenstelle. Die Sollkosten der Istbeschäftigung einzelner Kostenplätze werden zwar ermittelt, sie werden aber kostenstellenweise zusammengefaßt und im Soll-Ist-Vergleich den Istkosten, die nur noch nach Kostenstellen differenziert werden, gegenübergestellt.

---

10 Haberstock, L.: Kostenrechnung II, a.a.O., S. 91

11 vgl. Däumler, Klaus-Dieter; Grabe, Jürgen: Kostenrechnung 3, Plankostenrechnung, Herne/Berlin 1984, S. 49; Giesen, H.; Heck, A.; Reisel, R.: Plankostenrechnung, Verfahren ..., a.a.O., S. 85 f; Haberstock, L.: Kostenrechnung II, a.a.O., S. 45 ff

Eine Istkostenrechnung auf der Basis von Kostenplätzen ist nach Meinung der Befürworter der Kostenplatzrechnung zu aufwendig. **Die Planung der Kosten ist also detaillierter als die anschließende Kontrolle.**

Sinn der Einrichtung von Kostenplätzen ist also hauptsächlich die Möglichkeit einer genaueren Planung. Abweichungen auf der Ebene der Kostenplätze können nicht festgestellt werden. Lediglich Abweichungen zwischen den Sollkosten und den Istkosten der **Kostenstelle** insgesamt können ermittelt werden[12].

2) Bereichskostenstellenrechnung

Ein weiteres Verfahren zur Einrichtung von Kostenstellen ist die Bereichskostenstellenrechnung. Der Kostenstellenplan ist in diesem Verfahren ähnlich strukturiert, wie es in der Kostenplatzrechnung der Fall ist. **Die Gemeinkosten, die nicht eindeutig auf die Kostenplätze verteilt werden können, werden jedoch bei diesem Verfahren in einer Bereichskostenstelle gesammelt.** Die „kleinen" Kostenstellen werden separat von den Bereichskostenstellen geplant. Für die Kontrolle der Kosten werden die „kleinen" Kostenstellen und Bereichskostenstellen nicht zu einer „großen" Kostenstelle zusammengefaßt, sondern die Kostenkontrolle wird genauso detailliert wie die Planung durchgeführt. Abweichungen durch Unwirtschaftlichkeiten können sofort bei den „kleinen" Kostenstellen und bei den Bereichskostenstellen ermittelt werden.

Die Bereichskostenstellenrechnung liefert allerdings nicht so genaue Plankalkulationssätze wie die Kostenplatzrechnung.

Jedoch auch bei der Kostenplatzrechnung ist es möglich, daß den Kostenplätzen falsche Gemeinkosten zugeordnet werden, so daß einige Kalkulationssätze zu hoch, andere zu niedrig sind. Da eine Überprüfung der Istkosten nicht stattfindet, können solche Planungsfehler nicht erkannt werden[13].

Aus diesen Gründen ist es oft der vorsichtigere Weg, eine Bereichskostenstellenrechnung durchzuführen[14]. Es sollte allerdings immer, wenn Überlegungen in dieser Hinsicht angestellt werden, sorgfältig geprüft werden, welche Maßnahme die genauere Soll-Ist-Kontrolle ermöglicht.

Im Verwaltungs- und Vertriebsbereich ist es schwierig, Bezugsgrößen zu finden. Die Kostenstelleneinteilung ist deshalb dort oft weniger detailliert als im Fertigungsbereich.

---

[12] vgl. Haberstock, L.: Kostenrechnung II, a.a.O., S. 88 ff; Kilger, W.: Flexible Plankostenrechnung, a.a.O., S. 506 f; Wöhe, G.: a.a.O., S. 1214 f

[13] vgl. Haberstock, L.: Kostenrechnung II, a.a.O., S. 91

[14] vgl. Giesen, H.; Heck, A.; Reisel, R.: Plankostenrechnung, Verfahren ..., a.a.O., S. 87; Haberstock, L.: Kostenrechnung II, a.a.O., S. 89 ff; Kilger, W.: Flexible Plankostenrechnung, a.a.O., S. 506 ff; Wöhe, G.: Einführung in die Allgemeine Betriebswirtschaftslehre, 16. Auflage, München 1986

3.6 Die Gliederung der Kostenträger

Neben der Kostenarten- und Kostenstellenrechnung ist ein weiterer wichtiger Bestandteil der Plankostenrechnung die Kostenträgerrechnung. Sie dient folgenden Zwecken:

(1) Kontrolle der Kosten je Kostenträger
(2) geschlossene Betriebsabrechnung
(3) Bewertung der Bestände
(4) Grundlage für dispositive Entscheidungen (insbesondere auf Basis von Grenzkosten)[15]

Die Übersicht über die Kostenträger, der *Kostenträgerplan,* kann unterteilt werden in **absatzbestimmte** Kostenträger und **innerbetriebliche** Kostenträger. Letztere sind entweder aktivierbare Anlagenaufträge oder nicht-aktivierbare Gemeinkostenaufträge.

Die absatzbestimmten Kostenträger werden bei Vielproduktbetrieben sinnvollerweise in **Kostenträgergruppen** gegliedert. *Gliederungskriterium ist in der Regel der Rohstoff.* Aber auch gleiche bzw. ähnliche Produktions- oder Absatzformen können ein Gruppierungsgesichtspunkt sein.

Die Verrechnung innerbetrieblicher Leistungen in Form von Gemeinkostenaufträgen wird oft nicht einzeln nachgewiesen, sondern in **Sammelaufträgen** erfaßt und monatlich pro Kostenträger abgerechnet.

Gleichartige innerbetriebliche Leistungen, die laufend zu erbringen sind, wie z.B. Wartungsarbeiten, werden zu **Daueraufträgen** zusammengefaßt. Ihre Verrechnung auf die Kostenträger erfolgt ebenfalls monatlich.

Für Planungsarbeiten ist es zweckmäßig, festzuhalten, auf welchen Kostenstellen die einzelnen Leistungen anfallen bzw. die entsprechenden Kostenträger bearbeitet werden[16]. Insbesondere die Planung und Kontrolle der Einzelkosten wird auf diese Weise erleichtert.

---

[15] Giesen, H.; Heck, A.; Reisel, R.: Plankostenrechnung, Verfahren ..., a.a.O., S. 88

[16] vgl. Giesen, H.; Heck, A.; Reisel, R.: Plankostenrechnung, Verfahren ..., a.a.O., S. 87 ff; Haberstock, L.: Kostenrechnung II, a.a.O., S. 106 f

4. Kostenbestimmungsfaktoren

Kosten können definiert werden als

leistungsbezogener, bewerteter Gutsverbrauch.

Es handelt sich dabei um den sog. „wertmäßigen" Kostenbegriff. Eine mehr formal orientierte Kostendefinition, die für das Verständnis der Kostenbestimmungsfaktoren und für Planungszwecke sehr hilfreich ist, findet sich unter Kapitel 4.1.

Für eine gute Planung und eine wirksame Kontrolle der Kosten ist es wichtig, zu wissen, welche Faktoren die Kosten beeinflussen. Da diese Einflußgrößen, ***Kostenbestimmungsfaktoren*** *genannt,* sehr vielfältig und z.T. ineinander verschachtelt sind, ist es sehr schwierig, sie in systematischer Form darzustellen. Es gibt daher bis heute noch keine in der Praxis allgemein anerkannte Systematisierung der Kostenbestimmungsfaktoren mit Anspruch auf Vollständigkeit und Praktikabilität. Aus diesem Grund sollen hier zwei Systematisierungsversuche erläutert werden, von denen der eine schwerpunktmäßig auf den Produktionsbereich und der andere schwerpunktmäßig auf den Verwaltungs- und Vertriebsbereich zugeschnitten ist.

4.1 Der Produktionsbereich

Die folgende Systematisierung geht auf Kilger[17] zurück und sieht in gekürzter Form wie folgt aus (s. S. 32).

Was die in der Abbildung gezeigte Darstellung der Kostenbestimmungsfaktoren betrifft, ist zu beachten, daß in der Realität zwischen den einzelnen Kostenbestimmungsfaktoren **komplexere Beziehungen** bestehen als es in der Abbildung dargestellt worden ist.

Kosten lassen sich, formal betrachtet, wie folgt darstellen:

Kosten = verbrauchte Produktionsfaktormenge × Faktorpreis

Aus dieser Definition ergibt sich, daß der ***Faktorpreis***, zu dem z.B. neben dem Preis für Materialien auch Löhne und Gehälter zählen, ein wichtiger Kostenbestimmungsfaktor ist. Er ist weitgehend eine exogene Größe, denn weder Materi-

[17] Kilger, Wolfgang: Flexible Plankostenrechnung, diverse Auflagen. Die Systematisierung wurde in späteren Auflagen verfeinert.

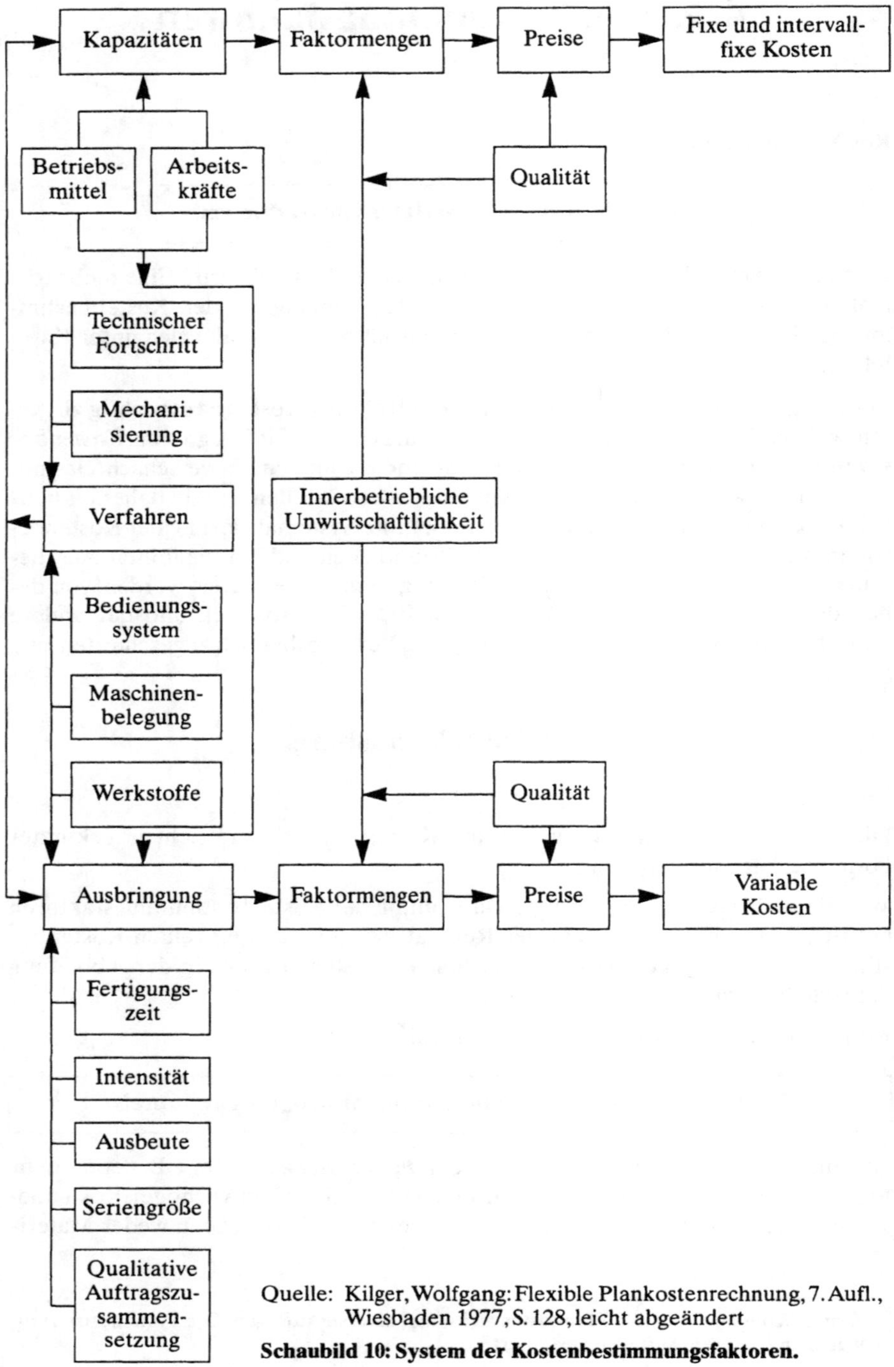

Quelle: Kilger, Wolfgang: Flexible Plankostenrechnung, 7. Aufl., Wiesbaden 1977, S. 128, leicht abgeändert

Schaubild 10: System der Kostenbestimmungsfaktoren.

alpreise noch Löhne und Gehälter sind vom Betrieb über längere Zeit wesentlich beeinflußbar.

Neben den Faktorpreisen stehen die Faktormengen. Sie können sowohl zur Aufrechterhaltung der Betriebsbereitschaft (Kapazität) als auch für die Ausbringung (Beschäftigung) verbraucht werden. Daraus ergibt sich, daß neben den Faktorpreisen auch die ***Kapazität und die Ausbringung*** wichtige Kostenbestimmungsfaktoren sind.

Die Kapazität gibt an, wie hoch die maximale Ausbringung bei einer bestimmten Intensität des Produktionsprozesses ist.

Die betriebliche Kapazität setzt sich aus den zwei Arten

(1) Betriebsmittelkapazität und
(2) Kapazität der menschlichen Arbeitskraft

zusammen. Die gegebene Kapazität des Kostenbestimmungsfaktors **„menschliche Arbeitskraft“** ist weniger stark nutzbar als die **Betriebsmittelkapazität,** denn der Mensch kann nicht 24 Stunden am Tag (abzüglich Rüst-, Reinigungs- und Reparaturzeiten) arbeiten.

Wird der Kostenbestimmungsfaktor Kapazität erhöht oder verringert, verändern sich dadurch die fixen Kosten. *Wie sich die Fixkosten bei einer quantitativen Anpassung verhalten, hängt von der Teilbarkeit der Betriebsmittel ab.*

Wenn z.B. eine neue Maschine angeschafft werden muß, steigen die Fixkosten nicht stetig, sondern in Sprüngen. Man spricht in diesem Zusammenhang auch von Sprungfixkosten oder **invervallfixen Kosten**[18].

Eine quantitative Anpassung ist oft auch mit einer Veränderung des Kostenbestimmungsfaktors **„Produktionsverfahren“** verbunden. Das Produktionsverfahren muß z.B. verändert werden, wenn der technische Fortschritt eine verstärkte Mechanisierung des Betriebes notwendig macht. Eine solche Veränderung des Produktionsverfahrens beeinflußt z.B. sowohl den Kostenbestimmungsfaktor „Kapazität“, da die Fixkosten zunehmen, als auch den Kostenbestimmungsfaktor „Ausbringung“, da die variablen Kosten in der Regel sinken *(sonst wäre dies neue Produktionsverfahren nicht wirtschaftlich!).*

Der Kostenbestimmungsfaktor „Ausbringung“ (bzw. Beschäftigung) läßt sich in verschiedene **Prozeßbedingungen** aufgliedern, da sich eine bestimmte Ausbringung durch verschiedene Prozeßbedingungen erreichen läßt, z.B. durch eine geringere **Intensität** und eine erhöhte **Fertigungszeit** oder durch eine erhöhte Intensität und eine geringere Fertigungszeit.

Unter Intensität ist folgendes Verhältnis zu verstehen[19]:

[18] vgl. ebenda, S. 136
[19] vgl. ebenda, S. 136

$$\textbf{Intensität} = \frac{\textbf{Anzahl gleichartiger Produktionsbeiträge}}{\textbf{hierfür verbrauchte Arbeitszeit}} \times 100$$

In den Betrieben, in denen die Intensität verändert werden kann, kann durch sie die Fertigungszeit variiert werden. Sinnvoll ist es, die Intensität zu wählen, bei der die niedrigsten variablen Kosten entstehen. *Gegen eine maximale Intensität spricht die zu starke Belastung von Betriebsmitteln und Arbeitskräften.*

Eine weitere Prozeßbedingung ist der Kostenbestimmungsfaktor **„Ausbeutekoeffizient“:**

$$\textbf{Ausbeutekoeffizient} = \frac{\textbf{verwendbare Erzeugnismenge}}{\textbf{verarbeitete Erzeugnismenge}}$$

Die Differenz zwischen der verarbeiteten und der verwendbaren Erzeugnismenge ist der **Ausschuß.** Zwischen der Intensität und dem Ausbeutekoeffizienten kann eine Beziehung bestehen, wenn z.B. erhöhte Intensität eine steigende Ausschußmenge mit sich bringt.

Des weiteren zählt zu den Prozeßbedingungen die ***qualitative und quantitative Auftragszusammensetzung*** (bzw. Seriengröße). In Betrieben mit Serienprodukten müssen die vor Beginn jeder Serie entstehenden Rüstkosten beachtet werden. **Bei großen Serien sind die Rüstkosten im Verhältnis zu allen anderen Kosten geringer als bei kleinen Serien, jedoch steigen die Lager- und Zinskosten**[20].

Wie in Schaubild 10 zu sehen ist, wirken sich die Kostenbestimmungsfaktoren **Qualität**

(1) **der Arbeitskräfte,**
(2) **der Betriebsmittel** und
(3) **der Werkstoffe**

sowohl auf die Faktormenge als auch auf die Preise aus.

Begabung, eine gute Ausbildung, Erfahrung und eine hohe Leistungsmotivation ergeben eine hohe Qualität der Arbeitskräfte und beeinflussen den Faktorverbrauch positiv.

Zu den qualitativen Eigenschaften von Betriebsmitteln zählen insbesondere die technischen Eigenschaften, z.B. die Präzision, mit der ein Betriebsmittel arbeitet, und die bisherige Nutzungsdauer[21].

Die Qualität der Betriebsmittel wirkt sich wiederum auf den **Ausbeutekoeffizienten** aus. Die Werkstoffverbrauchsmengen und dadurch oft auch die Werkstoffpreise werden direkt von den qualitativen Eigenschaften der Werkstoffe beeinflußt. *Bei höherer Qualität fällt z.B. weniger Ausschuß an.*

---

[20] vgl. Giesen, H.; Heck, A.; Reisel, R.: Plankostenrechnung, Verfahren ..., a.a.O., S. 29
[21] Kilger, W.: Flexible Plankostenrechnung, a.a.O., S. 140

Schließlich ist noch der Kostenbestimmungsfaktor **„innerbetriebliche Unwirtschaftlichkeit“** zu erwähnen. Er kann definiert werden als noch nicht geklärte Unwirtschaftlichkeitsursachen, die in der Regel in menschlichem Fehlverhalten begründet sind, wie z.B. Unachtsamkeit, Ungeschicklichkeit, Gleichgültigkeit oder gar Diebstahl[22].

4.2 Der Verwaltungs- und Vertriebsbereich

Da im Verwaltungs- und Vertriebsbereich der **Produktionsfaktor „menschliche Arbeit“** immer noch **die überragende Rolle spielt**, soll an dieser Stelle ein Systematisierungsversuch dargestellt werden, der insbesondere die mit der Tätigkeit des Menschen innerhalb des Betriebes im Zusammenhang stehenden Kostenbestimmungsfaktoren, aber auch betriebsexterne Einflüsse, in den Mittelpunkt der Betrachtung stellen.

Diese Systematisierung geht auf Schnettler[23] und Pentzek[24] zurück und teilt die Kostenbestimmungsfaktoren grundsätzlich in zwei Gruppen auf, nämlich in solche,

A) **die ihre Ursache im Betrieb selbst haben und in solche,**
B) **deren Usache im betriebsexternen Bereich liegt.**

A) Betriebliche Kostenbestimmungsfaktoren

Betriebliche Kostenbestimmungsfaktoren ergeben sich aus dem betrieblichen Arbeitsprozeß, seiner Organisation, den eingesetzten Produktionsfaktoren und den mit ihnen untrennbar verbundenen Daten und Auswirkungen. Hierbei ist zu unterscheiden zwischen:

I) **sachgebundenen** und
II) **personengebundenen**

Kostenbestimmungsfaktoren.

I) Sachgebundene Kostenbestimmungsfaktoren

Sachgebundene Kostenbestimmungsfaktoren resultieren aus Sachgegebenheiten des Betriebsprozesses, einschließlich an Sachüberlegungen ausgerichteten Ent-

---

22 ebenda, S. 140
23 Schnettler, Albert: Betriebsanalyse, Poeschel Verlag, Stuttgart, 2. Auflage 1960, S. 160 ff
24 Pentzek, Dieter: Kostenbestimmungsfaktoren im Verwaltungsbereich, Betriebswirtschaftsmagazin Nr. 21, Wiesbaden 1979, S. 977 ff

scheidungen und ihre Auswirkungen, und zwar zu einem großen Teil auch solche, die den Produktionsfaktor „menschliche Arbeit" betreffen.

1) Kapazität

Sie ist ein sachgebundener Kostenbestimmungsfaktor und stellt die in der Verwaltung arbeitende Belegschaft dar, die „Mannschaft", über deren Arbeitsleistung das Unternehmen für Verwaltungsaufgaben und Vertriebsaufgaben verfügen kann.

2) Preis des Produktionsfaktors „menschliche Arbeit"

Lohn- und Gehaltshöhe für die einzelnen Mitarbeiter ergeben sich aus tariflichen oder sonstigen sachgerichteten, vertraglichen Abmachungen zwischen Unternehmen und Mitarbeitern bzw. deren Organisationen.

3) Beschäftigung

Der Umfang der „Beschäftigung" (im Fertigungsbereich oft als „Ausbringung" bezeichnet) der vorhandenen Kapazität wirkt sich auf den Kostenanfall aus. Je höher die Beschäftigung ist, desto mehr Büromaterial wird verbraucht, desto mehr wird telefoniert, desto mehr Überstunden fallen an. **Überstunden** sind außerdem meist teurer als normale Arbeitsstunden und wirken sich auch insofern auf die Kosten aus, *da wegen Ermüdungserscheinungen weniger effektiv gearbeitet wird und Mehrkosten als Folge von gemachten Fehlern entstehen.*

4) Zeitliche Arbeitsanhäufung

Unregelmäßiger oder stoßweiser Arbeitsanfall führt auch bei vorbildlicher organisatorischer Bewältigung meist zu Mehrkosten gegenüber einem gleichmäßigen Arbeitsanfall.

5) Organisatorische Verfahren

Die Organisation der Arbeitsabwicklung im Bürobereich, einschließlich Rationalisierungen durch bessere technische Hilfsmittel, bewirkt mehr oder weniger kostengünstigere Arbeitsabläufe.

6) Sozialverhalten des Unternehmens

Je nachdem wie „sozial" das Unternehmen eingestellt ist, sind freiwillige Sozialkosten und sonstige Kosten die Folgewirkung. Auswirkungen auf sonstige Kosten ergeben sich z.B. in Abhängigkeit davon, ob das Unternehmen der Meinung ist, daß Büros einmal pro Woche oder öfter geputzt werden müssen.

7) Preise sonstiger Produktionsfaktoren

Hierher gehören z.B. die Preise von EDV-Anlagen, Büromaschinen, Fotokopiergeräten oder Büromaterial.

II) Personengebundene Kostenbestimmungsfaktoren

Hierbei handelt es sich um Kostenbestimmungsfaktoren, die durch den im Unternehmen arbeitenden Menschen und seine individuellen Eigenheiten hervorgerufen werden – ohne den sachlichen Aspekt des Produktionsfaktors „menschliche Arbeit", nämlich seinen „Preis" in Form von Lohn und Gehalt.

Diese Kostenbestimmungsfaktoren sind selbstverständlich auch in anderen Unternehmensbereichen zu finden, werden aber im Verwaltungs- und Vertriebsbereich wegen der überragenden Bedeutung des Produktionsfaktors „menschliche Arbeit" besonders deutlich.

1) Intensität

Die Intensität ist unter Punkt 4.1 definiert worden. Eine hohe Intensität bedeutet mehr Arbeitserledigungen pro Zeiteinheit bzw. weniger Kosten gegenüber der Erledigung der gleichen Arbeitsmenge mit einer niedrigeren Intensität.

2) Qualität der Mitarbeiter

Die „Qualität der Mitarbeiter" ist ebenfalls ein Kostenbestimmungsfaktor. *Je qualifizierter ein Mitarbeiter ist, desto kostengünstiger wird sich seine Arbeit auswirken.* Trotzdem sollten Arbeitsplätze in der Regel nicht mit **„überqualifizierten"** Mitarbeitern besetzt werden, da unter Umständen die Mehrkosten in Form einer höheren Entlohnung durch die möglichen Kosteneinsparungen mittels qualifizierterer Arbeit nicht erreicht werden können. Außerdem finden überqualifizierte Mitarbeiter meist nicht so viel Freude an der von ihnen geforderten Arbeit, was zu einem Absinken der Qualität der von ihnen geleisteten Arbeit führen kann. Sie sind demzufolge dann nur noch „teuer", aber nicht mehr „besser" als ein Mitarbeiter mit weniger „absoluter" Qualität.

Die Qualität der Mitarbeiter ergibt sich z.B. aus ihrer

(1) Ausbildung,
(2) Auffassungsgabe,
(3) Begabung,
(4) Erfahrung,
(5) Gesundheit und
(6) Leistungsbereitschaft.

Bei Führungskräften kommen noch

(7) Motivationsvermögen von Mitarbeitern und
(8) Führungs- und Verhandlungsgeschick

hinzu.

3) Charaktereigenschaften der Mitarbeiter

Dieser Kostenbestimmungsfaktor resultiert daraus, daß Charaktereigenschaften zu Minder- oder auch zu Mehrkosten führen können. So werden überdurchschnittlicher **Fleiß** und **Sparsamkeit** dem Unternehmen helfen, Kosten zu senken. Auf der anderen Seite führen nicht immer leicht erkennbare negative Charaktereigenschaften, wie z.B. **Bequemlichkeit** oder **Unehrlichkeit,** zu zusätzlichen Kosten.

4) Innerbetrieblicher Konkurrenzkampf

Dieser Kostenbestimmungsfaktor kann z.B. über **Eifersüchteleien, mangelnde Kooperation, Ressortdenken, „versteckte Schadenszufügung"** von Kollegen (und damit meist auch dem Unternehmen) zu erheblichen Mehrkosten führen.

5) Prestigebedürfnis

Das Verlangen nach **Statussymbolen** und **äußerlicher Manifestation erlangter Positionen** führt ebenfalls zu Mehrkosten im Unternehmen.

6) Selbstdarstellungsbedürfnis

Gerade in Führungspositionen ist oft – sicherlich z.T. bedingt durch für diese Stellungen positive Persönlichkeitsmerkmale, wie Energie, Durchsetzungsvermögen, Redegewandtheit und damit auch Redefreude – ein starkes Selbstdarstellungsbedürfnis anzutreffen. Es wird viel Zeit damit vertan, indem geredet, **„monologisiert"** wird, denn während dieser Zeit ist man auf jeden Fall Mittelpunkt des Geschehens. Das geschieht z.T. durchaus gar nicht einmal bewußt, wodurch der Fehler um so schwerer abstellbar ist. Auf diese Weise ergibt sich eine **beachtliche Zeit-** und **Kostenverschwendung,** denn andere qualifizierte Mitarbeiter müssen zuhören, bekommen keineswegs neue, ihrer Arbeit und dem Unternehmen dienliche Informationen und können selbst nicht arbeiten. Dadurch entstehen dem Unternehmen zusätzliche Kosten.

7) Repräsentationsbedürfnis

Dieser Kostenbestimmungsfaktor ist natürlich auf Führungskräfte beschränkt. Da Repräsentation zwar nicht immer aber doch oft eine angenehme Aufgabe ist, verbunden nicht nur mit seelischen, sondern auch mit leiblichen Genüssen, wird hier **des Guten oft zu viel getan**, der Kostenanfall erhöht.

8) Allgemein-psychologisch Faktoren

Hierher gehören Auswirkungen auf Kosten, die sich aus allgemeinen psychologischen Vorgängen ergeben, wie z.B. **Sympathien, Antipathien, Furcht** usw. Eine Antipathie hat z.B. zur Folge, daß man lieber unter Aufwendung von Mehrkosten etwas selber macht, als einen unsympathischen Kollegen um Hilfe zu bitten.

B) Außerbetriebliche Kostenbestimmungsfaktoren

Die zweite Gruppe der Kostenbestimmungsfaktoren hat ihren Ursprung im außerbetrieblichen Bereich. Hier kann man zwischen

I) **ökonomischen und**
II) **nichtökonomischen**

Kostenbestimmungsfaktoren unterscheiden.

I) Ökonomische Kostenbestimmungsfaktoren

Diese Kostenbestimmungsfaktoren entstammen dem außerbetrieblichen Wirtschaftsbereich im weitesten Sinne.

1) Dienstleistungspreise

Die Kosten des Unternehmens werden durch die Dienstleistungspreise beeinflußt, d.h. z.B. durch die Höhe der **Honorare** betriebsfremder Rechtsanwälte oder durch die Höhe der **Versicherungsprämien,** die Höhe der **Postgebühren** usw.

2) Kapitalpreise

Das gleiche gilt bei der Inanspruchnahme von Fremdkapital für den Preis, der dafür in Form von **Zinsen, Bankgebühren** usw. zu zahlen ist.

3) Steuergesetzgebung

Veränderte Steuergesetze führen auch im Unternehmen zu einem veränderten Kostenanfall.

4) Marktrisiken

Hierher gehören z.B. **Auf- oder Abwertungsverluste,** die zu Mehrkosten führen, je nachdem in welcher Währung fakturiert worden ist.

5) Konkurrenzverhalten

Auch hierin ist ein Kostenbestimmungsfaktor zu sehen. So kann z.B. ein unlauterer Wettbewerb durch die Konkurrenz zu Mehrarbeit im Unternehmen durch **Überprüfungsmaßnahmen** und **Einschaltung von Verbänden und Rechtsanwälten** führen.

II) Nichtökonomische Kostenbestimmungsfaktoren

Hierbei handelt es sich um Kostenbestimmungsfaktoren, die weder etwas mit dem Unternehmen noch etwas mit dem allgemeinen Wirtschaftsleben zu tun haben, aber dennoch im Unternehmen zusätzliche Kosten verursachen.

1) Gebräuche und Usancen

Karneval oder andere „lokale Feiertage" führen zu **Arbeitsausfall** und Mehrkosten in den Unternehmungen dieser Region. Der Ausfall von 4 Werktagen in einem Monat bedeutet 20% weniger Arbeitstage, was, je nach Kostenstruktur, durchaus zu einem negativen Monatsergebnis führen kann.

2) Wetter

Das Wetter wirkt sich auf die Leistungen der Mitarbeiter und den Kostenanfall über **körperliche Vorgänge** (Hitze, Kälte) oder **seelische Vorgänge** (Freude, Mißmut) bei den Menschen aus. Ferner entstehen Kosten durch **Energieaufwand** für Heizung und Kühlung oder z.B. Aufwendungen für **Wetterschutz.**

3) Politische Ereignisse

Sie können sich über die Gesetzgebung **direkt auf die Kosten des Unternehmens auswirken**, z.B. im Rahmen der Umweltschutzgesetzgebung, oder **indirekt,** indem sie Mitarbeiter dazu veranlassen, während der Arbeitszeit über diese sie bewegenden Ereignisse zu diskutieren.

4) Sportereignisse

Auch Sportereignisse wirken sich auf die Kosten des Unternehmens aus, sei es, daß **während der Arbeitszeit** von den Mitarbeitern darüber **diskutiert** wird, sei es, daß Mitarbeiter unausgeschlafen oder unkonzentriert zur Arbeit erscheinen, nur mit **reduzierter Leistungskraft** arbeiten und **Fehler** machen.

5) Sonstige Kostenbestimmungsfaktoren

Starker Verkehrslärm z.B. beeinflußt Konzentrationsfähigkeit und Leistungen der betroffenen Mitarbeiter, führt zu Fehlern und Mehrkosten.

Auch diese Systematisierung der Kostenbestimmungsfaktoren im Verwaltungsbereich gibt keinen lückenlosen Überblick über alle denkbaren Kostenbestimmungsfaktoren, sondern nur einen Ansatz für eine ordnende Systematik dieser Faktoren. Im Rahmen der Planung von Kosten, der ja letztendlich die Untersuchung von Kostenbestimmungsfaktoren dienen soll, ist es meist auch gar nicht möglich, alle Kostenbestimmungsfaktoren zu berücksichtigen, da bei einer Reihe von ihnen ihre Auswirkungen im vorhinein nicht sicher berechnet werden können.

Man muß aber die wichtigsten Kostenbestimmungsfaktoren kennen und einordnen können, um sicher zu sein, bei der Kostenplanung keinen wesentlichen Kostenbestimmungsfaktor vergessen zu haben.

Die theoretisch erlangten Kenntnisse über Kostenbestimmungsfaktoren werden in der Kostenrechnung dadurch genutzt, daß versucht wird, ihren Einfluß bei der Planung der Kosten, soweit es geht, rechnerisch zu berücksichtigen. Dazu bedient sich die Kostenrechnung der ***Bezugsgröße*** (vgl. Kapitel 5), mit der sie also versucht, die Auswirkungen der Kostenbestimmungsfaktoren auf die Kosten zu errechnen.

Viele Kostenbestimmungsfaktoren entziehen sich allerdings nach heutigem Wissensstand noch der rechnerischen Ermittlung ihrer Auswirkungen, z.B. die durch psychologische Vorgänge hervorgerufenen Kostenbestimmungsfaktoren. Wissenschaft und Praxis müssen sich mit diesem Problem noch intensiv beschäftigen.

5. Bezugsgrößen

Den Begriff „Bezugsgröße" kann man wie folgt definieren:

> **Eine Bezugsgröße stellt einen Maßstab der Kostenverursachung dar, zu dem die durch den entsprechenden Kostenbestimmungsfaktor verursachten Kosten in einer proportionalen Beziehung stehen.**

Um sinnvoll mit einer Bezugsgröße arbeiten zu können, muß sie folgende Eigenschaften haben:

1) Die Bezugsgröße soll ein ***Maßstab der Leistung und Kostenverursachung in einer Kostenstelle*** sein. Zu diesem Zweck müssen die variablen Kosten einer Kostenstelle in einen proportionalen oder (mindestens in einer bekannten) Abhängigkeit zu der Bezugsgröße stehen. An Hand dieses Maßstabes wird eine Planung und Kontrolle der Kosten möglich. Eventuell müssen pro Kostenstelle mehrere Bezugsgrößen verwendet werden, wenn sich nicht alle variablen Kosten zu einer einzigen Bezugsgröße proportional verhalten.

2) Die Bezugsgröße soll möglichst in ***direktem Bezug zum Kostenträger*** stehen, damit eine verursachungsgerechte Kalkulation möglich wird[25].

3) Die Bezugsgröße soll ***schnell und einfach erfaßbar*** sein, damit die laufende Abrechnung erleichtert wird.

4) Die Bezugsgröße soll ***eindeutig darstellbar, leicht verständlich und einfach anzuwenden*** sein.

5) Preisschwankungen, Änderungen an Auftragszusammensetzungen, Losgrößen usw. sollen einen möglichst *geringen Einfluß auf die Bezugsgrößen* haben.

Die Bezugsgröße, die den erwähnten Voraussetzungen entspricht, kann sowohl für die Kostenkontrolle (Errechnung von Plan- bzw. Sollkosten) als auch für die Ermittlung von Kalkulationssätzen verwendet werden[26].

Bezugsgrößen stellen in der Regel

(1) Leistungseinheiten (Stück, kg, Maschinenstunde) oder
(2) Zeiteinheiten (z.B. Monat)

dar[27]. So ist z.B. eine typische **Bezugsgröße für den Kostenbestimmungsfaktor „Ausbringung" die Stückzahl**, mittels der man die variablen Kosten errechnet.

---

[25] Vormbaum, Herbert; Rautenberg, Hans-Günter: Kostenrechnung III für Studium und Praxis, Plankostenrechnung, Baden-Baden und Bad Homburg vor der Höhe 1985, S. 93

[26] Man spricht auch von der sog. „Doppelfunktion der Bezugsgröße" (Haberstock, Kilger, Koch, Mellerowicz)

[27] Werteinheiten (z.B. Einzellohnkosten) sind wegen der ständig wiederkehrenden Tarifänderungen weniger geeignet

Als **Bezugsgröße für den Kostenbestimmungsfaktor „Kapazität" gilt die Kalenderzeit**, also der Monat. Aus dieser Bezugsgröße ergeben sich die fixen Kosten.

Wenn sich nicht alle variablen Kosten zu einer Bezugsgröße proportional verhalten, müssen **zwei oder mehr Bezugsgrößen pro Kostenstelle** verwendet werden und die variablen Kosten in entsprechende Gruppen aufgeteilt werden.

Bei der Frage, wieviele Bezugsgrößen pro Kostenstelle gewählt werden sollen, entsteht oft ein **Zielkonflikt zwischen Genauigkeit und Wirtschaftlichkeit**. Die Genauigkeit verlangt eine starke Bezugsgrößendifferenzierung, die Wirtschaftlichkeit und Praktikabilität eine möglichst geringe Differenzierung.

In der Praxis wird man in der Mehrzahl der Fälle mit ein oder maximal zwei Bezugsgrößen pro Kostenstelle auskommen.

Auf jeden Fall sollten hier jedoch nie mehr Bezugsgrößen verwendet werden, als für Zwecke einer hinreichend genauen Kostenkontrolle und Kalkulation unbedingt notwendig sind[28].

5.1 Die Auswahl von Bezugsgrößen

Bei der Auswahl von Bezugsgrößen sollte darauf geachtet werden, daß möglichst direkte Bezugsgrößen gefunden werden.

Direkte Bezugsgrößen sind Maßstäbe der Kostenverursachung, die sich unmittelbar aus den erstellten Produktionsmengen ableiten lassen[29]. Ausgedrückt werden sie z.B. durch Stück, kg, m, l usw. Es kann hierbei entweder

(1) homogene oder
(2) heterogene

Kostenverursachung vorliegen.

5.1.1 Homogene Kostenverursachung

*Die variablen Kosten verhalten sich bei homogener Kostenverursachung proportional zu **einer** Bezugsgröße.*

Dies bedeutet also: Es gibt nur **eine Bezugsgröße pro Kostenstelle**!

Homogene Kostenverursachung findet man in folgenden drei Situationen:

1) In Kostenstellen, ***in denen eine einheitliche Leistungserstellung*** vorliegt. Dies ist der einfachste aber auch seltenste Fall von homogener Kostenverursachung.

---

28 vgl. Däumler, K.-D.; Grabe, J.: a.a.O., S. 54; Haberstock, L.: Kostenrechnung II, a.a.O., S. 77

29 Für Fixkosten sind, wie erwähnt, Zeiteinheiten die gegebene Bezugsgröße

Diese Art der Kostenverursachung kommt hauptsächlich in Einproduktunternehmen und in einigen Fertigungsbereichen der Sorten- und Serienfertigung vor. Kilger[30] nennt als Beispiel für Einproduktunternehmen ein Zementwerk, das nur eine Zementsorte herstellt und als Beispiel für eine Sorten- oder Serienfertigung die Fertigungsbereiche, in denen gleichartige Artikel z.B. gedreht, gefräst oder gehobelt werden.

2) Ein weiterer Fall von homogener Kostenverursachung liegt bei ***artähnlichen Leistungen*** vor. Hier kann man mit Hilfe von Äquivalenzziffern eine „Einheitsleistung" errechnen und dadurch eine künstliche Homogenität der Kostenverursachung herstellen.

Diese Möglichkeit findet man hauptsächlich in Betrieben mit Sortenfertigung, wie z.B. Brauereien, Ziegeleien und Webereien[31].

3) Homogene Kostenverursachung kann man schließlich auch bei Kostenstellen mit ***unterschiedlichen Leistungen feststellen, wenn eine Bezugsgröße ermittelt werden kann zu der sich alle variablen Kosten dieser Kostenstelle proportional verhalten.***

Haberstock[32] gibt in diesem Zusammenhang ein Beispiel für die Kostenstelle „Dreherei" eines Betriebes mit Einzel- und Kleinserienfertigung an. Auf gleichartigen Maschinen werden unterschiedliche Teile bearbeitet. In diesem Fall könnte die Bearbeitungszeit, ausgedrückt in Maschinenstunden, als Bezugsgröße gewählt werden[33].

5.1.2 Heterogene Kostenverursachung

Von heterogener Kostenverursachung spricht man, *wenn sich nur* ***ein Teil der variablen Kosten einer Kostenstelle proportional zu einer Bezugsgröße verhält.*** Aus diesem Grund müssen **mehrere Bezugsgrößen für eine Kostenstelle** verwendet werden. Im folgenden sollen einige dieser Situationen, in den heterogene Kostenverursachung vorliegt, dargestellt werden.

1) In Betrieben mit ***schwankenden Seriengrößen***, bei denen wesentliche Rüstkosten anfallen, verhält sich die Bezugsgröße „Fertigungszeit" nicht mehr proportional zu allen variablen Kosten. Aus diesem Grund wird sie in die Bezugsgrößen **„Rüstzeit"** und **„Ausführungszeit"** aufgeteilt.

2) In den Kostenstellen, in denen ***wechselnde Aufträge eine Veränderung des Verhältnisses zwischen Arbeitsstunden und Maschinenstunden (Bedienungsverhältnis) bewirken,*** liegt ebenfalls heterogene Kostenverursachung vor. In diesem Fall

---

30 vgl. Kilger, W.: Flexible Plankostenrechnung, a.a.O., S. 332

31 vgl. Haberstock, L.: Kostenrechnung II, a.a.O., S. 60

32 vgl. ebenda, S. 60 f

33 vgl. Haberstock, L.: Kostenrechnung II, a.a.O., S. 56 ff; Kilger, W.: Flexible Plankostenrechnung, a.a.O., S. 332 ff; Männel, W.: a.a.O., S. 134; Vormbaum, H.; Rautenberg, H.-G.: a.a.O., S. 102 ff

werden naheliegenderweise die **Arbeitsstunden** und **Maschinenstunden** als getrennte Bezugsgrößen verwendet. Die Arbeitsstunden gelten vorwiegend für die Personalkosten, die Maschinenstunden hauptsächlich für die Betriebsmittelkosten als Bezugsgröße.

3) Heterogene Kostenverursachung liegt auch vor, wenn ***die gleichen Aufträge auf verschiedenen Maschinen durchgeführt werden***. In diesem Fall reicht die Bezugsgröße „Maschinenstunden" jedoch nicht länger aus, da die Benutzung der verschiedenen Maschinen unterschiedliche Kosten verursachen kann. Aus diesem Grund stellt also die Laufzeit jeder einzelnen Maschine eine eigene Bezugsgröße dar, also z.B. **Maschinenstunde Maschine A, Maschinenstunde Maschine B** usw.

4) Am häufigsten ist heterogene Kostenverursachung zu finden, wenn sich ***die Auftragszusammensetzung qualitativ ändert***. Dabei kann man zwei Fälle, die zu mehreren Bezugsgrößen führen, unterscheiden.

Im **Fall I** „verursachen die unterschiedlichen Aufträge (Produkte) **unterschiedliche Kosten pro Einheit der gleichen Bezugsgröße**"[34]. In dieser Situation teilt man die Produkte in Gruppen mit homogenem Kostenverhalten auf. **Jede dieser Gruppen erhält zwar die gleiche Art der Bezugsgröße, aber in Form eines gesondertes Types**, der eine andere Kostenhöhe pro Bezugsgrößeneinheit bedeutet.

Im **Fall II** sind die variablen Kosten der Kostenstellen von verschiedenen Bezugsgrößen abhängig, obwohl die Kosten pro Einheit einer jeweiligen Bezugsgröße – unabhängig von der Produktart – stets gleich sind[35]. Trotzdem können in diesem Zusammenhang die Bezugsgrößen nicht ausgetauscht werden, weil die Relationen der verschiedenen Bezugsgrößen zueinander für die einzelnen Produktarten verschieden sind[36].

Dieser Fall macht es notwendig, mehrer unterschiedliche Bezugsgrößen zu verwenden[37]. Es ist der klassische Fall der heterogenen Kostenverursachung.

5.1.3 Indirekte Bezugsgrößen

Nun gibt es auch noch die Möglichkeit, mit indirekten Bezugsgrößen zu rechnen. Indirekte Bezugsgrößen sind Hilfsgrößen. Sie werden gebildet, wenn keine direkten Bezugsgrößen ermittelt werden können, die sich unmittelbar proportional zur Produktionsmenge der Kostenstelle verhalten.

In Hilfs- und Nebenkostenstellen, wie z.B. Betriebsleitung, Kontrollabteilung, Meisterbereichsstellen und Arbeitsvorbereitungen wird mit indirekten Bezugs-

[34] Haberstock, L.: Kostenrechnung II, a.a.O., S. 73, der auf Kilger verweist
[35] ebenda, S. 74
[36] ebenda, S. 74
[37] vgl. Haberstock, L.: Kostenrechnung II, a.a.O., S. 66 ff; Kilger, W.: Flexible Plankostenrechnung, a.a.O., S. 335; Männel, W.: a.a.O., S. 134; Vormbaum, H.; Rautenberg, H.-G.: a.a.O., S. 102 ff

größen gearbeitet, da in diesen Kostenstellen zu viele verschiedene Leistungen erbracht werden, die mengenmäßig nicht mehr genau erfaßt werden können.

In anderen Hilfs- und Nebenkostenstellen, wie z.B. der Energieversorgung, ist es zwar theoretisch möglich eine genaue Bezugsgröße zu bilden, praktisch ist es jedoch aus Wirtschaftlichkeitsgründen nicht sinnvoll.

Für diese Hilfs- und Nebenkostenstellen ist es nun möglich, die indirekten Bezugsgrößen aus den Produktionsleistungen nachfolgender Hauptkostenstellen zu ermitteln, die die Leistungen dieser Hilfs- und Nebenkostenstellen beziehen. ***Die Bezugsgrößen werden also retrograd aus den Leistungen der nachfolgenden Kostenstellen errechnet***[38].

Indirekte Bezugsgrößen sind allerdings wenig aussagefähig, da die Verursachungszusammenhänge, die zwischen Bezugsgröße und Kosten bestehen müssen, eben **nicht bestehen** und stattdessen Annahmen statt exakter Rechenmethoden zur Ermittlung von Sollkosten führen. Die Verwendung indirekter Bezugsgrößen sollte nur in Ausnahmefällen erfolgen. Ist die Ermittlung direkter Bezugsgrößen nicht möglich, sollte lieber budgetiert werden und durch exakte Kostenplanungen und Arbeitsablaufuntersuchungen die Wirtschaftlichkeit ständig verbessert werden.

5.2 Kostenstellen ohne geeignete Bezugsgrößen

Bei den Kostenstellen des Forschungs-, Entwicklungs- und Konstruktionsbereiches und den Kostenstellen des Material-, Verwaltungs- und Vertriebsbereiches mit ihren komplizierten, vielfältigen Aufgaben, oft dispositiver Natur, ist es nahezu unmöglich, brauchbare Bezugsgrößen zu finden. Aus diesem Grund ist eine Kostenkontrolle und Kalkulation im Sinne der Plankostenrechnung oft nicht durchführbar. Stattdessen muß in diesen Fällen budgetiert werden, es müssen also starre Plankosten errechnet werden.

Für Kostenstellen des Material-, Verwaltungs- und Vertriebsbereiches, die viele Routinearbeiten mit Wiederholungscharakter aufweisen, gibt es allerdings Hilfslösungen, indem an Bezugsgrößen bescheidenere Ansprüche gestellt werden.

Bezugsgrößen haben, wie bereits erwähnt, normalerweise eine Doppelfunktion:

> **Sie sind sowohl Kostenverursachungsmaßstab für die Kostenstellenrechnung zum Zwecke der Kostenkontrolle als auch Kostenverursachungsmaßstab für die Kostenträgerrechnung zum Zwecke der Kalkulation.**

---

[38] vgl. Kilger, W.: Flexible Plankostenrechnung, a.a.O., S. 343; sehr gut erklärt von Haberstock, a.a.O., Kapitel 5.4.3, „Exkurs zur Sollkostenberechnung mit Hilfe indirekter Bezugsgrößen“

Das bedeutet folgendes:

A) Eine Bezugsgröße, z.B. die Maschinenstunde, kann dazu verwendet werden, die Sollkosten einer Kostenstelle zu errechnen. Man tut dies, indem man die Zahl der Maschinenstunden plant und diese dann mit den variablen Kosten pro Maschinenstunde multipliziert. Auf diese Weise errechnet man die variablen Sollkosten der geplanten Leistung.

B) Zum anderen verwendet man die Bezugsgröße, um die Kosten der Kostenstelle korrekt den Kostenträgern zuzurechnen. Dies geschieht, indem man festhält, wieviele Maschinenstunden bei der Bearbeitung der unterschiedlichen Kostenträger angefallen sind und die Zahl der Maschinenstunden mit den Kosten pro Maschinenstunde multipliziert.

Die bescheideneren Ansprüche bei den erwähnten Kostenstellen bestehen darin, daß man sich mit Bezugsgrößen zufrieden gibt, ***die nur eine der beiden Funktionen erfüllen***. Bezugsgrößen lediglich für Kostenkontrollzwecke sind in der folgenden Abbildung aufgelistet[39]:

Kostenstelle	Bezugsgröße
– Auftragsbearbeitung (Einkauf)	– Anzahl der Bestellungen
– Materiallager	– Anzahl Zu- oder Abgänge
– Debitorenbuchhaltung	– Anzahl Buchungen
– Kalkulationsabteilung	– Anzahl Kalkulationen
– Zentrales Schreibbüro	– Anzahl geschriebener Seiten
– Auftragsbearbeitung (Verkauf)	– Anzahl erledigter Aufträge
– Poststelle	– Anzahl der Postausgänge
– Versand	– Anzahl versandter Einheiten

(Quelle: vgl. Haberstock, Lothar: Kostenrechnung II, (Grenz-) Plankostenrechnung, 7. Aufl., Hamburg 1986, S. 79)

Schaubild 11: Beispiele für Kostenstellen, die Routinearbeiten mit Wiederholungscharakter aufweisen.

Zu Kalkulationszwecken können diese Bezugsgrößen jedoch nicht verwendet werden, weil sie, ***kurzfristig gesehen, keine Proportionalitätsbeziehung zum Produktions- und Absatzvolumen haben***. Nun liegt es nahe, für diese Kostenstellen darüber hinaus nach Bezugsgrößen zu suchen, die dann lediglich für Kalkulationszwecke verwendet werden. Dieses Problem ist noch weniger gut lösbar. Daher begnügt man sich dann oft in der Praxis mit sogenannten **„Hilfsbezugsgrößen"**, die lediglich bei langfristig orientierter Betrachtungszweise (die ja eigentlich in der Kostenrechnung, als kurzfristig orientierter Rechnung, fehl am Platze ist) die Bezeichnung „Bezugsgröße" verdienen. Sie stellen immerhin langfristig eine proportionale Beziehung zum Produktions- und Absatzvolumen des gesamten Unternehmens dar.

[39] vgl. Haberstock, L.: Kostenrechnung II, a.a.O., S. 79; Hülshoff, F.: a.a.O., S. 119; Kilger, W.: Flexible Plankostenrechnung, a.a.O., S. 348

Kostenstelle	Hilfsbezugsgrößen
– Material	– Einzelmaterialkosten
– Forschung und Entwicklung	– variable Herstellkosten der produzierten Leistungen
– Verwaltung	– variable Herstellkosten der produzierten Leistungen
– Vertrieb	– variable Herstellkosten der umgesetzten Leistungen

(Quelle: Haberstock, Lothar: Kostenrechnung II, (Grenz-) Plankostenrechnung, 7. Aufl., Hamburg 1986, S. 83)

Schaubild 12: Beispiele für die Bildung von Hilfsbezugsgrößen aufgrund langfristiger Betrachtungen

Im Schaubild 12 sind Beispiele aufgelistet, in denen diese langfristigen Betrachtungen der Hilfsbezugsgröße zugrunde gelegt werden[40].

In der Praxis werden allerdings für die Kostenstellen des Material-, Verwaltungs- und Vertriebsbereiches in der Regel keine Bezugsgrößen gebildet. Die Gemeinkosten dieser Kostenstellen werden vielmehr *pauschal den Herstellkosten zugeschlagen*[41].

5.3 Die Ermittlung der Planbezugsgrößen

Nach der Kostenstelleneinteilung und der Auswahl der Art der Bezugsgrößen müssen die Planbezugsgrößen (Planbeschäftigungen) festgelegt werden.

Planbezugsgrößen sind Planwerte, die für die einzelnen Bezugsgrößen ermittelt werden.

Es wird also z.B. errechnet, daß auf einer Kostenstelle von einem bestimmten Material 10.000 kg pro Monat verarbeitet werden oder daß 1.000 Fertigungsstunden pro Monat geleistet werden.

Die Ermittlung von Planbezugsgrößen kann grundsätzlich durch zwei Verfahren erfolgen:

---

[40] vgl. Haberstock, L.: Kostenrechnung II, a.a.O., S. 83

[41] vgl. Agathe, K.: Kostenplanung ..., a.a.O., S. 39 ff; Ahlert, Dieter; Franz, Klaus-Peter: Industrielle Kostenrechnung, 4. Aufl. in: Betriebswirtschaft für Ingenieure, Hrsg. Vormbaum, H., Düsseldorf 1988; Giesen, H.; Heck, A.; Reisel, R.: Plankostenrechnung, Verfahren ..., a.a.O., S. 57 f; Haberstock, L.: Kostenrechnung II, a.a.O., S. 78 ff; Hülshoff, F.: a.a.O., S. 119; Kilger, W.: Flexible Plankostenrechnung, a.a.O., S. 342 ff; Medicke, W.: a.a.O., S. 37 ff; Vormbaum, H.; Rautenberg, H.-G.: a.a.O., S. 98 ff

1) Kapazitätsplanung
2) Engpaßplanung

Bevor sich die Grenzplankostenrechnung durchsetzen konnte, wurde über beide Verfahren sehr stark diskutiert, *denn in der Vollkostenrechnung bestimmt die Wahl der Planbeschäftigung den Umfang der Fixkostenverrechnung auf die Leistungseinheiten.*

Problematisch ist hierbei die Verrechnung der Fixkosten auf die Leistungseinheiten. Dieses Fixkostenproblem kann jedoch nicht durch die beiden Verfahren, Kapazitäts- und Engpaßplanung, gelöst werden, sondern durch ein *separates Abrechnen der fixen Kosten, wie es in der Grenzplankostenrechnung der Fall ist.* Dies führt dazu, daß sich der Streit um die Planbezugsgrößenbildung in der letzten Zeit sehr gemildert hat[42].

5.3.1 Kapazitätsplanung

Bei der Festlegung der Planbezugsgröße wird hierbei die Kapazität einer Kostenstelle als Grundlage gewählt. Voraussetzung ist, daß das Produktionsverfahren und die Intensität konstant bleiben bzw. als konstant angenommen werden.

Innerhalb der Kapazitätsplanung gibt es **drei Varianten:**

1) technische Maximalkapazität
2) „Normal-" Kapazität
3) durchschnittliche Kapazität

Zu 1) Die technische Maximalkapazität ist eine *Rechengröße zur Bildung der Planbezugsgröße.* Sie kann in der Praxis gar nicht oder nur für sehr kurze Zeit realisiert werden. Eine maximale Auslastung verursacht meistens einen progressiven Kostenverlauf und wird deshalb aus ökonomischen Gründen nicht angestrebt.

Zu 2) Unter der „Normal-" Kapazität versteht man *„die als erreichbar anzusehende Kapazität* unter Berücksichtigung normaler Intensität der Betriebsmittel, normalem Leistungsgrad der Arbeitskräfte und unter Zugrundelegung der bestehenden Organisation"[43].

Zu 3) Bei der durchschnittlichen Kapazität wird das *arithmetische Mittel der in der Vergangenheit ermittelten Istwerte zur Bildung der Planungsgröße herangezogen.* Dieses Verfahren hat den Vorteil, daß die durchschnittliche Kapazität leicht zu ermitteln ist. Jedoch enthalten diese Werte Unwirtschaftlichkeiten der Vergangen-

---

[42] vgl. Agathe, K.: Kostenplanung ..., a.a.O., S. 49 ff; Ahlert, D.; Franz, K.-P.: a.a.O., S. 189 f; Däumler, K.-D.; Grabe, J.: a.a.O., S. 54 f; Haberstock, L.: Kostenrechnung II, a.a.O., S. 92 ff; Hülshoff, F.: a.a.O., S. 199 f; Kilger, W.: Flexible Plankostenrechnung, a.a.O., S. 351 f; Männel, W.: a.a.O., S. 134; Vormbaum, H.; Rautenberg, H.-G.: a.a.O., S. 109

[43] Hülshoff, F.: a.a.O., S. 120

heit. Diese Unwirtschaftlichkeiten müssen in einer separaten Analyse ermittelt werden.

Die Nachteile der Kapazitätsplanung sind die folgenden:

1) Die in der Planperiode erwartete Beschäftigung wird nicht in die Rechnung mit einbezogen. Die Zahl der Bezugsgrößen wird allein aufgrund der vorhandenen Kapazität festgelegt.
2) Es findet in der Regel keine Abstimmung der Kapazität der einzelnen Kostenstellen aufeinander statt[44].

Die Ermittlung von Planbezugsgrößen durch das Verfahren der Kapazitätsplanung sollte daher auf Ausnahmefälle beschränkt bleiben.

Beispiel 4:
Für den Kostenplatz „Drehautomat A I" ist als **Bezugsgröße** die **Maschinenstunde** festgelegt worden. Im **Zweischichtbetrieb** kann der Automat maximal 16 Stunden pro Tag laufen. Rechnet man im Jahresdurchschnitt pro Monat 22 Arbeitstage, so ergibt sich eine **„technische Maximalkapazität"** von

16 Std. × 22 Tage = 352 Maschinenstunden/Monat

Die Bezugsgrößenerrechnung nach der Variante der **„durchschnittlichen Kapazität"** würde wie folgt aussehen:

Tatsächliche Maschinenstunden:	Juli	320
	Aug.	300
	Sept.	340
		960

Als Planwert wird der Durchschnittswert des 3. Quartals genommen:

960 Std. : 3 = 320 Maschinenstunden/Monat

5.3.2 Engpaßplanung

Die auf Grund der Engpaßkapazität ermittelten Planbezugsgrößen *orientieren sich an den zukünftig zu erwartenden Beschäftigungen einer Planungsperiode* unter Berücksichtigung der Engpässe innerhalb des Betriebes, z.B. der Rohstoffbeschaffung oder des Absatzes. Durch diese Art der Planbezugsgrößenbildung wird vermieden, daß bei der Kostenkontrolle die Kostenstellenleiter für Abweichun-

---

44 vgl. Agathe K.: Kostenplanung ..., a.a.O., S. 49 ff; Däumler, K.-D.; Grabe, J.: a.a.O., S. 55; Giesen, H.; Heck, A.; Reisel, R.: Plankostenrechnung, Verfahren ..., a.a.O., S. 60 ff; Haberstock, L.: Kostenrechnung II, a.a.O., S. 92 ff; Hülshoff, F.: a.a.O., S. 120; Kilger, W.: Flexible Plankostenrechnung, a.a.O., S. 351; Vormbaum, H.; Rautenberg, H.-G.: a.a.O., S. 111 ff

gen, die durch „mangelhafte Abstimmung der betrieblichen Teilkapazitäten"[45] entstanden sind, verantwortlich gemacht werden.

Die Nachteile der Kapazitätsplanung werden somit durch die Engpaßplanung aufgehoben.

Aus diesen Gründen ist die Engpaßplanung der Kapazitätsplanung zur Ermittlung der Planbezugsgröße vorzuziehen[46].

Beispiel 5:
Für den Kostenplatz „Drehautomat A I" ist als **Bezugsgröße** die **Maschinenstunde** festgelegt worden. **Engpaß** ist die derzeitige **schlechte Marktlage**. Aufgrund der Umsatzplanung wird im Monat Januar für den Kostenplatz „Drehautomat A I" mit folgender Beschäftigung gerechnet:

6.000 zu bearbeitende Stücke eines einheitlichen Produktes, Bearbeitungszeit einschl. Ein- und Ausspannzeit 2,4 Maschinenminuten pro Stück.
6.000 Stück × 2,4 Min. = 14.400 Maschinenminuten

14.400 : 60 = 240 Maschinenstunden im Monat Januar

[45] Männel, W.: a.a.O., S. 135

[46] vgl. Agathe, K.: Kostenplanung ..., a.a.O., S. 50 f; Däumler, K.-D.; Grabe, J.: a.a.O., S. 55; Giesen, H.; Heck, A.; Reisel, R.: Plankostenrechnung, Verfahren ..., a.a.O., S. 60 f; Haberstock, L.: Kostenrechnung II, a.a.O., S. 357 ff; Kilger, W.: Flexible Plankostenrechnung, a.a.O., S. 357 ff; Michel, R.; Torspecken, H.-D.: Kostenrechnung II, a.a.O., S. 68 f; Vormbaum, H.; Rautenberg, H.-G.: a.a.O., S. 112 ff

6. Die Kostenplanung im Rahmen einer starren Plankostenrechnung

6.1 Planungsbesonderheiten der starren Plankostenrechnung

Die starre Plankostenrechnung ist auf der einen Seite eine Plankostenrechnung mit all ihren Konsequenzen, d.h.:

(1) exakte Planungsmethoden,
(2) Kontrolle der Istkosten und
(3) beachtlicher Planungsaufwand.

Auf der anderen Seite hat die starre Plankostenrechnung eine Reihe von ***Planungsbesonderheiten*** gegenüber der flexiblen Plankostenrechnung, die an dieser Stelle noch einmal klar herausgestellt werden müssen.

1. Planungsbesonderheit

Die Haupteigenschaft der starren Plankostenrechnung ist, daß sie einen (normalen) Beschäftigungsgrad für die Zukunft annimmt und **nur für diesen einen Beschäftigungsgrad die Kostenplanung vornimmt**. Es werden keine Plankosten auf den tatsächlich erreichten Beschäftigungsgrad umgerechnet, also **keine speziellen Sollkosten** ermittelt.

2. Planungsbesonderheit

Da keine Sollkosten errechnet werden, man nur für einen einzigen Beschäftigungsgrad plant, braucht man die **Kosten** auch **nicht in ihre fixen und variablen Bestandteile aufzuspalten**.

3. Planungsbesonderheit

Man **verzichtet** in vielen Fällen darauf, die Leistungen der einzelnen Kostenstellen, insbesondere soweit es keine Fertigungsstellen sind, **mittels Bezugsgrößen zu messen und zu kontrollieren**.

Es existiert somit **für alle diese Kostenstellen nur eine indirekte Bezugsgröße**:

> **Der Gesamtumsatz des Unternehmens bzw. der Bereiche oder der Produktgruppen, für die die Kostenstelle tätig ist.**

Dies ist zwar keine vorbildliche Vorgehensweise, aber **als Hilfslösung noch akzeptabel**, insbesondere wenn man

- nicht nur einen Monat betrachtet, sondern die **bisher aufgelaufenen Monate** des Jahres,

- ohne allzu großen Aufwand aufgrund der Kenntnisse der betrieblichen Zusammenhänge ermitteln kann, **warum** in dem betreffenden Monat **der Umsatz des Unternehmens** (bzw. Bereiches oder Produktgruppe) **kein Maßstab** für den Beschäftigungsgrad der betreffenden Kostenstelle ist,
- bedenkt, daß zwar auf kurze Sicht (z.B. Monat) der Beschäftigungsgrad des Gesamtunternehmens in Form des tatsächlichen Umsatzes (gemessen am geplanten Monatsumsatz) kein Maß für den Beschäftigungsgrad einer einzelnen Kostenstelle sein muß. *Aber bereits* ***ab mittlerer Frist (Quartal)*** *sind* ***die meisten Kostenstellen von merklichen Umsatzabweichungen betroffen****, wie die korrekte Bezugsgröße der Kostenstelle auch immer heißen möge.*

Die Art und Weise der Planung von Kosten im Rahmen einer starren Plankostenrechnung gilt auch für die Planung von ***Budgetkosten*** innerhalb einer flexiblen Plankostenrechnung.

Das äußere Kennzeichen dieses Planungsvorgehens ist die bereits erwähnte fehlende Aufspaltung der Kosten in ihre variablen und fixen Anteile. Darüber hinaus trifft man bei der Planung der Einzelkosten und z.T. auch der Gemeinkosten öfter die **Planungstechnik des** ***Schätzens einschließlich einer stärkeren Anlehnung an Vergangenheitswerte*** an. Deshalb steht diese Art und Weise der Planung von Kosten im 6. Kapitel im Vordergrund – wenn auch nicht ausschließlich – und soll abkürzend als **„globale Planungsmethode"** bezeichnet werden.

6.2 Die Planung der Einzelkosten

Zu den Einzelkosten gehören:

1. Einzelmaterialkosten
2. Einzellohnkosten
3. Sondereinzelkosten
   a) der Fertigung (z.B. Modellkosten, Lizenzkosten)
   b) des Vertriebes (z.B. Provisionen, Verpackungskosten)

6.2.1 Einzelmaterialkosten

Nach der **globalen Planungsmethode** erfolgt die Planung der Einzelmaterialkosten in folgenden Schritten:

1. Ermittlung des **Planumsatzes** des Produktes
2. Ermittlung des **Anteils der Einzelmaterialkosten** dieses Produktes am Umsatz des vergangenen Jahres
3. Überprüfung, ob inzwischen **Konstruktionsänderungen** oder **Änderungen der Materialqualität** eingetreten sind

4. **Multiplikation des Planumsatzes** mit dem gemäß 2. Schritt ermittelten und gemäß 3. Schritt evtl. **korrigierten Prozentsatz**. Dies ergibt die geplanten Einzelmaterialkosten ohne Berücksichtigung von Preisänderungen auf dem Beschaffungsmarkt.
5. Ermittlung der **Veränderung der Einkaufspreise** bei der zu planenden Materialart
6. **Korrektur** der im 4. Schritt ermittelten Materialkosten **gemäß der** im 5. Schritt **ermittelten Preisveränderungen**.

Planungsbeispiel siehe Kapitel 6.4

6.2.2 Einzellohnkosten

Die Planung der Einzellohnkosten erfolgt nach der **globalen Planungsmethode** in folgenden Schritten, wobei zu beachten ist, daß dieses allgemeine Planungsschema evtl. entsprechend besonderen Gegebenheiten abgeändert werden muß:

1. Ermittlung der **geplanten Zahl der Einzellohnempfänger**, unterteilt nach Lohngruppen
2. Ermittlung des **durchschnittlichen täglichen oder wöchentlichen Verdienstes** der Lohngruppen im letzten Jahr und Multiplikation mit der Zahl der Lohnempfänger in diesen Lohngruppen
3. Korrektur dieser Zahlen um den Prozentsatz der **wahrscheinlichen Tarifänderungen**

   Sofern der ermittelte Verdienst ein Gesamtverdienst ist, also auch den für Urlaub, Krankheit usw. gezahlten Gemeinkostenlohn enthält, müssen zwei Zwischenschritte eingeschaltet werden:

   A: Ermittlung des Anteils von Gemeinkostenlohn für Urlaub, Krankheit usw. im Durchschnitt des Vorjahres

   B: Verminderung der im 3. Schritt errechneten Werte um den Prozentsatz gemäß Zwischenschritt A
4. Errechnung der monatlichen Planzahlen durch **Multiplikation** der durchschnittlichen täglichen oder wöchentlichen Werte mit der **Zahl der Arbeitstage bzw. -wochen**. Sollte der Lohn monatlich bezahlt werden, entfällt dieser Schritt.

Planungsbeispiel siehe Kapitel 6.4

6.2.3 Sondereinzelkosten

Für Sondereinzelkosten gibt es ***kein generelles Planungsschema***, da praktisch jede Kostenart als Sondereinzelkosten in Erscheinung treten kann. Daher kann hier nur beispielhaft skizziert werden, wie Planungen dieser Kosten vorgenommen werden können.

Beispiel 1: Lizenzkosten (Stücklizenz)

Planung der zu produzierenden Stückzahl und Multiplikation mit den vertraglich vereinbarten Lizenzkosten pro Stück.

Beispiel 2: Vertreterprovision

Diese wird meist in Prozent vom Umsatz gerechnet. Daher Multiplikation des geplanten Umsatzes mit dem Provisionssatz.

Falls nicht für alle Produkte einheitliche Provisionssätze gezahlt werden, muß der Planumsatz entsprechend aufgeteilt werden.

Ein exakt gerechnetes Beispiel der Planung von Provisionskosten ist unter Kapitel 6.4 zu finden.

6.3 Die Planung der Gemeinkosten

Die Planung der Gemeinkosten im Rahmen einer starren Plankostenrechnung erfolgt ***ohne Aufspaltung der Kosten in ihre variablen und fixen Bestandteile.*** Beim Planen der einzelnen Kostenarten geht man wie folgt vor:

- **Löhne:** Ermittlung des voraussichtlichen Lohnes eines jeden Lohnempfängers für jeden einzelnen Monat der Planungsperiode. Tariferhöhungen, Umstufungen und Umsetzungen müssen berücksichtigt werden, ebenso Urlaubs- und Weihnachtsvergütungen und die wahrscheinlichen Überstunden in den einzelnen Monaten.
- **Gehälter:** Hier wird genauso verfahren, wie bei den Löhnen. Ein exakt gerechnetes Beispiel der Planung von Gehaltskosten ist unter Kapitel 6.4 zu finden.
- **Gesetzliche Sozialkosten:** Den Kostenstellenleitern ist anzugeben, mit welchem Prozentsatz auf die Lohn- und Gehaltssumme zu rechnen ist, oder die Planung dieser Kostenart ist zentral für das gesamte Unternehmen durchzuführen. Der Prozentsatz wird ermittelt anhand der gesetzlichen Sozialkosten und der Lohn- und Gehaltskosten des Vorjahres. Er wird korrigiert entsprechend inzwischen eingetretener Änderungen durch gesetzliche oder tarifliche Bestimmungen.
- **Gemeinkostenmaterial:** Sofern keine mengenmäßigen Daten vorhanden sind, wie z.B.
  - Stückzahl,
  - Materialgehalt oder
  - Abmessungen

der in der Planperiode herzustellenden Produkte, ist von dem Verbrauch in der Vergangenheit, unter Berücksichtigung der geplanten zukünftigen Geschäftsentwicklung, auszugehen.

Ferner ist auf evtl. Konstruktionsänderungen der Produkte zu achten, die sich auf den Verbrauch an Gemeinkostenmaterial auswirken können. Außerdem ist zu überprüfen, ob sich die Einkaufspreise geändert haben.

- **Büromaterial:** Hier wird man in der Regel vom Verbrauch in der Vergangenheit, unter Berücksichtigung der zukünftigen Kopfzahl der Kostenstelle und des Arbeitsumfangs, ausgehen müssen. Man sollte sich aber bei jeder neuen Planung immer wieder zum Ziel setzen, den Verbrauch an Büromaterial zu reduzieren.

- **Reise und Bewirtungskosten:** Ausgehend von der Zahl der geplanten Reisen, der durchschnittlich zurückgelegten Wegstrecke, den bekannten Vergütungssätzen (Tagessätzen) für Dienstreisen, Richtwerten für Spesen und die Wahl von Hotels und der wahrscheinlichen Zahl von Bewirtungen und Richtwerte für deren Höhe, kann eine exakte Planung der Reise- und Bewirtungskosten erfolgen. Die Auswertung der Reiseabrechnung des vergangenen Jahres bietet dabei eine wertvolle Hilfe.

- **Honorare, Rechts- und Beratungskosten:** Bei der Planung dieser Kosten ist den Aufzeichnungen des letzten Jahres zu entnehmen, aus welchen Anlässen diese Kosten entstanden sind. Hieraus können in der Regel mit hinreichender Genauigkeit Rückschlüsse auf das kommende Jahr und die dann entstehenden Kosten gezogen werden.

- **Energiekosten:** Ausgehend von den Kosten des vergangenen Jahres, für das in der Regel auch genaue Aufzeichnungen über den Mengenverbrauch zwangsläufig angefallen sind, kann für das kommende Jahr geplant werden.

  Dabei ist der wahrscheinliche Geschäftsverlauf und damit der Umfang der Betriebsaktivitäten zu berücksichtigen. Das heißt, es ist darauf zu achten, ob zusätzlicher Energiebedarf durch mehr oder größere Maschinen, neue Räume oder erhebliche Überstunden entsteht oder im umgekehrten Falle der Energiebedarf geringer wird.

- **Post- und Frachtkosten:** Sofern für Kosten, wie
  - Telefonkosten,
  - Paket- und Briefporto,
  - Eingangsfrachten,
  - Ausgangsfrachten,
  - Rollgelder usw.

  außer der Höhe ihres Anfalles im vergangenen Jahr keine weiteren Aufzeichnungen vorliegen, was bei den meisten Unternehmen, die noch keine ausgebaute Plankostenrechnung haben, der Fall sein wird, so kann auch nur wieder von den Vorjahreskosten ausgegangen werden.

Dabei ist zu überlegen, ob ein steigender Geschäftsumfang einen steigenden Kostenanfall zur Folge haben wird und umgekehrt. Sehr problematisch sind hierbei immer die Porto- und noch mehr die Telefonkosten.

Bei Portokosten kann durch geschicktes Ausnutzen der Gewichtsgrenzen, sammeln von nicht eiliger Post über einige Tage hinweg und besserer Koordinierung von Postsendungen viel gespart werden.

Im Zusammenhang mit den Telefonkosten ist darauf zu achten, daß nur in den wirklich notwendigen Fällen telefoniert und ansonsten auf Brief, Fernschreiber oder Fax ausgewichen wird. Des weiteren muß das Telefonat so kurz wie möglich gehalten werden, wozu ein vorher erstellter Zettel mit Stichworten nützlich ist.

In diesem Zusammenhang ist eine lang andauernde erzieherische Einwirkung auf die Mitarbeiter unumgänglich.

Vor dem Einsatz von Aufzeichnungsgeräten, die die angewählte Telefonnummer und die Zahl der Gesprächseinheiten festhalten, sind die möglichen Einsparungen den zusätzlichen Kosten gegenüberzustellen.

- **Werbekosten:** Diese Kosten können nur mit hinreichender Genauigkeit geplant werden, wenn ein **detaillierter Werbeplan** vorhanden ist, aus dem Art und Umfang der Werbetätigkeiten hervorgehen.

  Anhand dieses Werbeplanes werden dann die voraussichtlichen Werbekosten errechnet und in Form eines Werbeetats, nach Genehmigung durch die Unternehmensleitung, den jeweiligen verantwortlichen Bereichsleitern vorgegeben.

  Diese Kosten können auch zwecks leichterer Kontrolle über besondere **Werbekostenstellen** laufen.

- **Gemeinkostenaufträge, z.B. für Reparaturen, Instandhaltungen, Umzüge usw.:** Für den Reparaturumfang liegen meist Erfahrungswerte vor, für Instandhaltungs- und Generalüberholungsarbeiten sollte ein Jahresplan vorhanden sein.

  Ebenfalls im voraus weiß man in der Regel, ob im Laufe des Jahres umgezogen werden muß und welche Entfernungen, Mengen und Gewichte zu bewältigen sind. All diese Kosten lassen sich demzufolge relativ gut planen.

- **Sonstige Gemeinkosten:** Hierzu gehören z.B.
  - Kosten für Zeitungen, Zeitschriften und Bücher,
  - Kosten für Teilnahme an Lehrgängen u.ä.

  Auch diese Kosten sind gut zu planen, denn man weiß im voraus, welche Zeitschriften bezogen werden, welche Bücher man braucht und an welchen Lehrgängen Mitarbeiter teilnehmen sollen. Im Zusammenhang mit Lehrgängen sind zu planen: Teilnahmegebühren, Reisekosten, Übernachtungskosten, Tagesspesen.

- **Des weiteren** gib es noch eine ganze Reihe von Kosten, die zwar auch über Kostenstellen laufen, zweckmäßigerweise **aber von einer zentralen Stelle geplant** werden.

Hierher gehören z.B.

(1) die freiwilligen sozialen Aufwendungen (Jubiläumsgeschenke, Treueprämien),
(2) die Abschreibungen,
(3) die Zinskosten und Bankspesen,
(4) vermögenswirksame Leistungen,
(5) Lohnfortzahlungen im Krankheitsfalle,
(6) kalkulatorische Kosten,
(7) Mieten,
(8) Versicherungen,
(9) Personalnebenkosten,
(10) Beiträge zu Berufsverbänden usw.

Diese Kosten hängen entweder von Entscheidungen der Unternehmensleitung ab oder werden von zentralen Stellen aus für das Gesamtunternehmen überwacht. Daher werden diese Kosten auch sinnvollerweise zentral geplant. Außerdem laufen sie meist auch über zentrale Kostenstellen, ohne andere Kostenstellen zu berühren.

Sollten Kosten zwar zentral geplant, aber dezentral auf verschiedene Kostenstellen gebucht werden, so bleibt die Verantwortung für diese Kosten doch auf der zentralen Stelle. Die jeweiligen Kostenstellenleiter können für von ihnen nicht geplante Kosten auch nicht verantwortlich sein.

Ganz im allgemeinen kann zur Planung von Kosten gesagt werden, daß man möglichst versuchen muß, von **quantitativen Größen** auszugehen, die dann bewertet werden, d.h. mit Werten pro Mengeneinheit multipliziert werden. Wo das nicht möglich ist oder nur mit unvertretbar hohem Zeit- bzw. Kostenaufwand, ist von der **Kostenhöhe des vergangenen Jahres** auszugehen und unter Berücksichtigung der wahrscheinlichen Geschäftsentwicklung auf das kommende Jahr zu schließen.

Dabei ist immer darauf zu achten, ob sich die Geschäftsentwicklung in der geplanten Periode tatsächlich auf die Höhe der betroffenen Kostenart auswirkt oder ob andere Umstände diese Kosten stärker beeinflussen.

Die intensive Beschäftigung mit jeder einzelnen Kostenart macht oft Zusammenhänge deutlich, die sonst nicht auffallen.

6.4 Planungsbeispiele

Folgende Beispiele sollen die Beschreibung der Planungsarbeiten im Rahmen einer starren Plankostenrechnung ergänzen:

Beispiel 6: Planung von Einzelmaterialkosten, globale Planungsmethode

Folgende Daten liegen vor:
- Umsatz des Vorjahres: 200.000,– DM
- Der Vertrieb plant eine Umsatzsteigerung bei diesem Produkt um 12,5%.
- Anteil der Einzelmaterialkosten dieses Produktes am Umsatz des Vorjahres: 17%
- Aufgrund von Konstruktionsänderungen wird von der Arbeitsvorbereitung bei diesem Produkt ein Rückgang der Einzelmaterialkosten um einen Prozentpunkt prognostiziert.
- Der Einkauf schätzt für das Planjahr eine durchschnittliche Steigerung der Materialpreise um 2%.

Rechengang:

- Umsatzsteigerung um 12,5%: neuer Umsatz: 225.000,– DM
- Rückgang der Einzelmaterialkosten um einen Prozentpunkt, also nur noch 16% vom Umsatz:
  16% von 225.000,– DM = 36.000,– DM
- Materialpreissteigerung: 2% von 36.000,– DM = 720,– DM
- Plankosten/Einzelmaterial: 36.720,– DM

Beispiel 7: Planung von Einzellohnkosten, globale Planungsmethode

Folgende Daten liegen vor:
- 10 Einzellohnempfänger im Planmonat, davon jeweils 5 in den Lohngruppen I und II.
- Umstufungen in andere Lohngruppen sind nicht vorgesehen.
- Es wird ab 1. Planmonat mit einer Tariferhöhung von 5% gerechnet.
- Im Monatsdurchschnitt stellen 30% des Gesamtlohnes Gemeinkosten dar.
- Der Planmonat hat 22 Arbeitstage.

Rechengang:

- Durchschnittlicher täglicher Gesamtlohn im Vorjahr lt. Aufzeichnungen des Lohnbüros
  a) in Lohngruppe I: 140,– × 5 Mitarbeiter = 700,– DM
  b) in Lohngruppe II: 160,– × 5 Mitarbeiter = 800,– DM
- Geschätzte Tariferhöhung: 5%
  Durchschnittliche tägliche Lohnsumme nach Tariferhöhung
  a) in Lohngruppe I: 735,– DM
  b) in Lohngruppe II: 840,– DM
- Durchschnittlicher Anteil von Gemeinkostenlohn (für Urlaub, Krankheit, Arbeiten im Gemeinkostenlohn) am Gesamtlohn bei Einzellohnempfängern lt. Aufzeichnungen des Lohnbüros: 30%
  Lohngruppe I: 70% von 735,– = 514,50 DM

Lohngruppe II: 70% von 840,– = 588,– DM

- Für 22 Arbeitstage ergibt sich folgender Planwert für Einzellohnkosten im Planmonat:
  514,50 × 22 = 11.319,– DM
  588,– × 22 = 12.936,– DM
  insgesamt 24.255,– DM

Beispiel 8: Planung von Provisionskosten

Folgende Daten liegen vor:

A) Provisionssätze:
   a) Produkt 4710: 2,0% vom Umsatz
   b) Produkt 4711: 1,5% vom Umsatz
   c) Produkt 4712: 1,0% vom Umsatz, bis 50.000,– DM Umsatz
      1,5% für den darüber hinausgehenden Umsatz

B) Umsatzplanung:
   a) Vertreter A: Produkt 4710 = 100.000,– DM
      Produkt 4711 = 50.000,– DM
      Produkt 4712 = 75.000,– DM
   b) Vertreter B: Produkt 4710 = 80.000,– DM
      Produkt 4711 = 60.000,– DM
      Produkt 4712 = 60.000,– DM

Rechengang:

- Vertreter A: Produkt 4710 = 2.000,– DM
  Produkt 4711 = 750,– DM
  Produkt 4712 = 500,– DM
  \+ 375,– DM (1,5% v. 25.000)
  3.625,– DM

- Vertreter B: Produkt 4710 = 1.600,– DM
  Produkt 4711 = 900,– DM
  Produkt 4712 = 500,– DM
  \+ 150,– DM (1,5% v. 10.000)
  3.150,– DM

Beispiel 9: Planung von Gehaltskosten

Für die Kostenstelle „Betriebswirtschaft" sind für die Monate Januar bis Juni Gehälter zu planen. Folgende Daten und Informationen sind gegeben:

Mitarbeiter	A	B	C	D	E
Tarifgehälter	2.500,–	2.600,–	2.700,–	2.800,–	3.000,–

Tarifgruppe I II III IV V

Veränderungen innerhalb der Planperiode:

- Mitarbeiter A erhält ab 01.02. eine außertarifliche Gehaltserhöhung von 100,– DM
- Mitarbeiter B tritt am 01.03. neu in das Unternehmen ein
- Mitarbeiter C scheidet am 31.05. aus Altersgründen aus
- Mitarbeiter D wird zum 01.05. in die nächst höhere Tarifgruppe umgestuft
- am 01.04. erfolgt eine Tariferhöhung von 10% auf das Tarifgehalt

Rechenergebnis:

	Januar	Februar	März	April	Mai	Juni
A:	2.500,–	2.600,–	2.600,–	2.850,–	2.850,–	2.850,–
B:	–,–	–,–	2.600,–	2.860,–	2.860,–	2.860,–
C:	2.700,–	2.700,–	2.700,–	2.970,–	2.970,–	–,–
D:	2.800,–	2.800,–	2.800,–	3.080,–	3.300,–	3.300,–
E:	3.000,–	3.000,–	3.000,–	3.300,–	3.300,–	3.300,–
	11.000,–	11.100,–	13.700,–	15.060,–	15.280,–	12.310,–

6.5 Kostenpläne

Die geplanten Kosten werden auf Kostenplänen, die kostenstellenweise erstellt werden, festgehalten.

*Obwohl sich im normalen Abrechnungsgang die Kostenstellenrechnung auf die **Gemeinkosten** beschränkt, findet man auf diesen Kostenplänen **oft auch die Einzelkosten**, insbesondere die **Fertigungslöhne**.*

Dies ist sinnvoll, weil man damit „alle fertigungszeitabhängigen Kosten mit Hilfe zusammengefaßter Kalkulationssätze auf die Produkte verrechnen kann“[47].

Wenn das Produktionsprogramm nicht zu starken monatlichen Schwankungen unterliegt, werden auch die **Einzelmaterialkosten** auf den Kostenplänen der Kostenstellen eingetragen.

[47] Kilger, W.: Flexibel ..., a.a.O., S. 272

Hat das Produktionsprogramm schwer vorhersehbare monatliche Schwankungen, ist es besser, *die Einzelmaterialkosten produktweise zu planen und zu kontrollieren.*

Firmenname, Planbezeichnung				
Planperiode, Kostenstelle				
Nr.	Kostenarten	Planmenge	Planpreis	Plankosten
	Fertigungslohn	2.000 Std.	15,–	30.000,–
	Hilfslohn	1.000 Std.	12,–	12.000,–
	Gehalt			5.000,–
	Sozialkosten/Lohn	42.000,–	20%	8.400,–
	Sozialkosten/Gehalt	5.000,–	15%	750,–
	Gemeinkostenmaterial			1.000,–
	Betriebsstoffe			500,–
	Reparaturen	20 Std.	20,–	400,–
	Ersatzteile			200,–
	Werkzeuge			300,–
	Energiekosten	3.000 kWh	0,20	600,–
	Abschreibungen			950,–
			Summe	60.100,–
Unterschrift/Kostenstellenleiter			Bezugsgröße (Masch.-Std)	2.500
Datum			Plankalk.-Satz (DM/Masch.-Std)	24,04

Ein Kostenplan im Rahmen einer starren Plankostenrechnung hat folgendes Aussehen:

Planmengen und Planpreise fehlen bei den Kostenarten, die nicht „Menge × Preis“ geplant werden können, sondern bei denen andere Kostenplanungstechniken angewandt werden müssen (vgl. Kapitel 3.2). Dabei empfiehlt es sich, in diesen Fällen genaue Aufzeichnungen über das Vorgehen bei der Plankostenerrechnung zu machen. Diese Aufzeichnungen erleichtern später die Arbeit bei der Analyse der Soll-Ist-Abweichungen und bei der Planungsarbeit des folgenden Jahres.

7. Die Kostenplanung im Rahmen einer flexiblen Plankostenrechnung

Im Rahmen einer flexiblen Plankostenrechnung wird die Planung der Kosten durch eine **Kostenauflösung** ergänzt, d.h. die geplanten Kosten werden in ihre variablen und fixen Bestandteile aufgespalten.

Dabei geht man von der **Prämisse** aus, daß die **variablen Kosten** sich **proportional zur gewählten Bezugsgröße** verhalten und die **fixen Kosten absolut fix** sind.

Die Planungsungenauigkeiten, die sich dadurch ergeben, daß sich die *variablen Kosten nicht exakt proportional zur Bezugsgröße verhalten*, müssen in Kauf genommen werden.

Die entsprechenden Abweichungen haben in der Regel ihre Ursache darin, daß nicht alle in diesem Zusammenhang relevanten Kostenbestimmungsfaktoren bekannt bzw. in ihren Auswirkungen rechenbar sind (vgl. Kapitel 4). Ob und wann dieses Problem der Kostenrechnung einmal gelöst werden kann, ist nicht absehbar.

Abweichungen zwischen Plan- und Istzahlen **bei den fixen Kosten** können nur **zwei Ursachen** haben:

1. **Es wurde ein Planungsfehler gemacht.**
2. **Die Planung wurde nicht eingehalten.**

7.1 Festlegung der Planpreise

Wie schon erwähnt, ergeben sich die Kosten aus der Multiplikation von Faktormengen und Faktorpreisen. Um Plankosten zu ermitteln, müssen dementsprechend ***neben den Mengen auch die Preise geplant werden.***

Bei der Bildung von Planpreisen sind folgende Fragen zu beachten[48]:

1) Welche Produktionsfaktoren werden in das Planpreissystem einbezogen?
2) Für welche Zeitspanne und in welcher Höhe sollen die Preise geplant werden?
3) Welche Bestandteile soll der Planpreis beinhalten?

zu 1)

Für einige Produktionsfaktoren, wie z.B. für Dienstleistungen, läßt sich **kein exaktes Mengengerüst** bestimmen. Daher ist es in diesem Fall auch nicht möglich,

[48] Däumler, K.-D.; Grabe, J.: a.a.O., S. 59

die Kosten durch Multiplikation von Menge und Preis zu errechnen. **Es müssen sofort entsprechende Wertgrößen ermittelt werden.**

Bei manchen einzeln vorkommenden Produktionsfaktoren hinwieder, wie z.B. Spezialwerkzeugen, die zwar relativ oft benötigt werden, bei denen aber **jedes einzelne Stück eine andere technische Ausgestaltung** und damit einen anderen Preis aufweist[49], **ist es nicht zweckmäßig für jeden Produktionsfaktor einen Planpreis zu ermitteln.**

Das gleiche gilt für Produktionsfaktoren, die ein exaktes Mengengerüst aufweisen und häufig bestellt werden, wobei jedoch jeder Produktionsfaktor **extrem geringe Kosten** aufweist.

Aus wirtschaftlichen Gründen wird in diesen Fällen auf die Bildung von Planpreisen verzichtet.

Zusammenfassend läßt sich sagen, daß nur dann Planpreise von Produktionsfaktoren gebildet werden, wenn ihnen

(1) ein festes Mengengerüst zugrunde liegt,
(2) die Produktionsfaktoren in großer Stückzahl verwendet werden und
(3) sie kostenmäßig ins Gewicht fallen.

Eine **Kostenkontrolle wird durch die Benutzung von Wertgrößen**, die sich nicht aus dem Produkt von Planmengen mal Planpreise ergeben, **erschwert,** da die innerhalb der Kostenkontrolle ermittelten *Verbrauchsabweichungen durch Preisabweichungen verunreinigt* sind. Schwankungen bei den Istpreisen spiegeln sich dementsprechend direkt auf dem Kontrollergebnis wieder[50].

zu 2)

Um festzusetzen für welche Zeitspanne die Preise geplant werden sollen, ist zu ermitteln, welchem Zweck die Planpreise dienen sollen. Dienen sie **lediglich der Kontrolle**, so kann mit ***mittel- oder langfristig erwarteten Preisen*** gerechnet werden, was Änderungen erspart.

Die Höhe der Planpreise ist in diesem Fall theoretisch sogar gleichgültig, da sich die gleichen Werte sowohl in den Soll- als auch in den Istkosten niederschlagen (vgl. Kapitel 9.1).

Da das Zahlenmaterial in der Regel aber nicht nur zu Kontrollzwecken, sondern **auch für andere Aufgaben** innerhalb der Kostenrechnung verwendet wird, ist es empfehlenswert, ***Planpreise zu wählen, die den erwarteten Istpreisen möglichst nahekommen***. Sonst kann es bei der Beurteilung der Kontrollergebnisse zu Fehlinterpretationen der Differenz zwischen „Phantasie-"Planpreisen und Istpreisen kommen[51].

---

[49] Kilger, W.: Flexible Plankostenrechnung, a.a.O., S. 185

[50] vgl. Däumler, K.-D.; Grabe, J.: a.a.O., S. 63 f; Haberstock, L.: Kostenrechnung II, a.a.O., S. 210 f; Kilger, W.: Flexible Plankostenrechnung, a.a.O., S. 185 f; Marek, O.: a.a.O., S. 111 ff

[51] vgl. Haberstock, L.: Kostenrechnung II, a.a.O., S. 197

In der Praxis werden für die Ermittlung der Planpreise oft Preisstatistiken herangezogen. Die Preisstatistiken sollten mindestens die Istpreise eines Jahres enthalten, um eine Übersicht über den Preistrend zu erhalten.

Zusätzlich sollten die Kenntnisse des Einkäufers über die Istpreisentwicklung mit in die Ermittlung der Planpreise einfließen[52].

zu 3)

Die dritte Frage bezieht sich auf den Inhalt der Planpreise.

Für die Bildung von Planpreisen können bei der Beschaffung von Sachgütern folgende Preise benutzt werden[53]:

	Rechnungspreis	
–	Rabatte	
=	**Einkaufspreis**	
+	Beschaffungsnebenkosten für	A
	1. Transport	A
	2. Versicherung	A
	3. Sonstiges, z.B. Zölle, Verpackungen	A
=	**Einstandspreis**	
+	Materialgemeinkosten der Kostenstellen	I
	1. Einkauf	I
	2. Wareneingang	I
	3. Lager	I
=	**Verbrauchspreis** (Lager-Abgabepreis)	

A: Außerbetriebliche Planpreisbestandteile
I: Innerbetriebliche Planpreisbestandteile

Es stellt sich die Frage, welcher Preis,

(1) Einkaufs-,
(2) Einstands- oder
(3) Verbrauchspreis,

zur Bildung des Planpreises verwendet werden soll.

Der **Einkaufspreis** eignet sich nicht besonders als Grundlage für die Planpreisbildung, „da dann die außerbetrieblichen Beschaffungsnebenkosten als gesonderter Zuschlag zu planen sind“[54].

---

52 vgl. Däumler, K.-D., Grabe, J.: a.a.O., S. 59 f; Haberstock, L.: Kostenrechnung II, a.a.O., S. 196 ff; Kilger, W.: Flexible Plankostenrechnung, a.a.O., S. 195 ff; Kilger, W.: Flexible Plankostenrechnung und ..., a.a.O., S. 197

53 vgl. Haberstock, L.: Kostenrechnung II, a.a.O., S. 199; Klümper, P.: a.a.O., S. 144

54 Haberstock, L.: Kostenrechnung II, a.a.O., S. 200

Ein weiterer Mangel des Einkaufspreises liegt in der *Aktivierungspflicht* der außerbetrieblichen Beschaffungskosten in der Bilanz.

Die Verwendung von **Verbrauchspreisen** als Grundlage für die Planpreisbildung hat den Vorteil, daß die Zuschläge für innerbetriebliche Beschaffungsnebenkosten entfallen.

Dem steht aber der gravierende Nachteil gegenüber, daß innerhalb der Kostenkontrolle die ***Unwirtschaftlichkeiten im Einkaufs- und Lagerbereich nur sehr schwer zu ermitteln*** sind, da ihre Kosten mit den Preisabweichungen vermengt sind.

Außerdem enthalten die Verbrauchspreise Anteile von Fixkosten, die eine konsequente Durchführung einer *Grenzplankostenrechnung* erschweren.

Ein weiterer Nachteil von Verbrauchspreisen ist das *Verbot der Aktivierung* von innerbetrieblichen Beschaffungsnebenkosten in der Bilanz. Dies hat zur Folge, daß die innerbetrieblichen Beschaffungsnebenkosten von den Verbrauchspreisen abgezogen werden müssen.

Aus diesen Gründen eignet sich als Planpreis in der Regel am besten der Einstandspreis. Er hat weder die Nachteile des Einkaufs- noch des Verbrauchspreises. Er entspricht den bilanziellen Wertansätzen und beinhaltet keine Materialgemeinkosten, die besser auf den entsprechenden Kostenstellen geplant und kontrolliert werden können.

Allerdings finden in der Praxis auch die anderen Preise als Planpreise Verwendung. Daneben existieren ferner noch Zwischenformen dieser Preise[55].

Ähnlich wie die Bestimmung der Planpreise für Sachgüter werden die Planpreise für Arbeitsleistungen ermittelt[56]:

Tariflohn (-gehalt) pro Arbeitszeiteinheit	
+ gesetzliche Sozialabgaben (z.B. Arbeitgeberanteil zur Renten-, Krankenversicherung) + gesetzliche Soziallohnrate (z.B. Urlaubslöhne)	A
= **Tariflohn (-gehalt) incl. gesetzl. Sozialkosten**	
+ primäre freiwillige Sozialkosten (z.B. Pensionszahlungen, Ausbildungsbeihilfen) + sekundäre freiwillige Sozialkosten (z.B. für Kantinen, Sportanlagen, Werksbücherei)	I
= **gesamte Personalkosten pro Arbeitszeiteinheit**	

[55] vgl. Däumler, K.-D.; Grabe, J.: a.a.O., S. 61; Haberstock, L.: Kostenrechnung II, a.a.O., S. 199 f; Kilger, W.: Flexible Plankostenrechnung, a.a.O., S. 197 ff; Kilger, W.: Flexible Plankostenrechnung und ..., a.a.O., S. 198 ff; Klümper, P.: a.a.O., S. 144; Marek, O.: a.a.O., S. 125

[56] vgl. Haberstock, L.: Kostenrechnung II, a.a.O., S. 201

A: Außerbetriebliche Planpreisbestandteile
I: Innerbetriebliche Planpreisbestandteile

Die Planpreise für Löhne und Gehälter können ebenfalls außerbetriebliche und innerbetriebliche Bestandteile enthalten.

Die **gesamten Personalkosten** sind analog zu den Verbrauchspreisen nicht als Grundlage für die Bildung von Planpreisen geeignet, da sie neben den außerbetrieblichen auch innerbetriebliche Planpreisbestandteile enthalten.

Diese Tatsache erschwert die Kostenkontrolle, da *Unwirtschaftlichkeiten innerhalb der freiwilligen Sozialleistungen nicht erkannt werden können.*

Des weiteren verhindern die gesamten Personalkosten eine konsequente Durchführung der **Grenzplankostenrechnung,** da sie Fixkosten enthalten.

Der Nachteil des **Tariflohnes bzw. -gehaltes incl. gesetzlicher Sozialabgaben** als Grundlage für die Planpreisbestimmung ist die mangelnde Abstimmung mit der Bruttolohnabrechnung.

In der Praxis werden zur Planpreisbildung für Arbeitsleistungen deshalb überwiegend die reinen Tariflöhne bzw. Tarifgehälter verwendet. Gesetzliche und freiwillige Sozialkosten werden extra geplant.

7.2. Die Planung der Einzelkosten

Das Merkmal der Einzelkosten liegt darin, daß sie den Kostenträgern direkt zugerechnet werden können.

Sie müßten theoretisch exakt eigentlich **Kostenträger-Einzelkosten** genannt werden, da es neben dem Kostenträger auch noch andere Kalkulationsobjekte gibt, denen Kosten direkt oder durch Schlüsselung (Gemeinkosten) zugerechnet werden können. Solch ein anderes Kalkulationsobjekt ist z.B. die Kostenstelle, wobei man dann bei den Kosten, die einer Kostenstelle direkt zugerechnet werden können, von **Kostenstellen-Einzelkosten** spricht.

Das gleiche gilt für den Begriff der Gemeinkosten, die eigentlich korrekt entweder **Kostenträger-Gemeinkosten** oder dann eben **Kostenstellen-Gemeinkosten** heißen müßten.

Im Sprachgebrauch hat es sich allerdings eingebürgert, im Zusammenhang mit dem am weitaus häufigsten verwendeten Kalkulationsobjekt „Kostenträger“ ohne erläuternden Zusatz die Bezeichnung „Einzelkosten“ bzw. „Gemeinkosten“ zu verwenden. So soll denn auch hier der zwar etwas unkorrekte aber übliche und wegen des wesentlich kürzeren Wortes auch sehr praktische Sprachgebrauch beibehalten werden.

Die Faktorverbrauchsmenge eines Kostenträgers wird als Standard bezeichnet. Wird ein festgesetzter Standard mit dem entsprechenden Planpreis multipliziert, so erhält man die geplanten Einzelkosten.

Die Kontrolle der in der Regel kostenträgerweise geplanten Einzelkosten erfolgt kostenstellenweise, um eine wirksame Kostenkontrolle zu ermöglichen. Denn letztendlich ist der Leiter einer Kostenstelle, auf der der Materialverbrauch oder der Einsatz der menschlichen Arbeitskraft erfolgt, auch für diese Kostenarten verantwortlich.

7.2.1 Einzelmaterialkosten

Zum Einzelmaterial gehören:

(1) Rohstoffe,
(2) Zwischenprodukte der eigenen Fertigung und
(3) fremdbezogene Fertigteile.

Hilfsstoffe können zwar oft auch den Kostenträgern direkt zugeordnet werden, aus Vereinfachungsgründen werden sie jedoch in der Regel nicht wie Einzelkosten abgerechnet, sondern als „unechte“ Gemeinkosten behandelt.

Betriebsstoffe zählen nur in Ausnahmefällen, in denen sie ohne großen Aufwand direkt dem Kostenträger zugeordnet werden können, zum Einzelmaterial.

Die **Planung der Einzelmaterialkosten** verläuft in den folgenden **vier Schritten**:

1) Ermittlung der Netto-Planverbrauchsmenge:
Es ist sinnvoll bei der Planung des Einzelmaterials von der Netto-Planverbrauchsmenge auszugehen. Unter Netto-Planverbrauchsmenge versteht man die *„Einzelmaterialmengen, die bei planmäßiger Produktgestaltung, planmäßigen Materialeigenschaften und planmäßigem Fertigungsablauf effektiv in einer fertiggestellten Kostenträgereinheit enthalten sind“*[57].

Die Netto-Planverbrauchsmengen können z.B. aus Stücklisten oder Rezepturen entnommen werden.

2) Ermittlung des unvermeidlichen Abfalls und Ausschusses:
Die Abfall- und Ausschußmengen, die sich auch bei wirtschaftlichem Arbeiten nicht vermeiden lassen, sollten nicht geschätzt werden, sondern an Hand von Analysen nach Ursachen getrennt werden.

3) Ermittlung der Brutto-Planverbrauchsmenge:
Die Brutto-Planverbrauchsmenge einer bestimmten Materialart für einen bestimmten Kostenträger ergibt sich aus der Addition der Netto-Planverbrauchsmenge und den nach Ursachen getrennten Planabfall- bzw. Planausschußmengen.

[57] Kilger, W.: Flexible Plankostenrechnung und ..., a.a.O., S. 243

4) Ermittlung der Planeinzelmaterialkosten:
Multipliziert man die Brutto-Planverbrauchsmenge mit dem entsprechenden Planpreis pro Mengeneinheit, so erhält man die Brutto-Planeinzelmaterialkosten[58].

7.2.2 Einzellohnkosten

Die Fertigungslöhne werden in der Regel als Einzellohnkosten geplant, da sie direkt den entsprechenden Kostenträgern zugeordnet werden können.

Die zu den Fertigungslöhnen gehörenden gesetzlichen Sozialkosten werden nur selten wie Einzelkosten behandelt. In den meisten Fällen werden diese wie Hilfslöhne, Gehälter und sonstige Personalkosten als Gemeinkosten verrechnet. ***Obwohl die Fertigungslöhne als Einzelkosten geplant werden, werden sie trotzdem wie Gemeinkosten in den Kostenstellen verrechnet.***

Für dieses Vorgehen gibt es **zwei Gründe:**

Erstens können die Fertigungslöhne besser auf der Ebene der Kostenstellen kontrolliert werden, wo sie auch beeinflußbar sind.

Zweitens existieren in einer Kostenstelle oft Gemeinkosten, die sich proportional zu den Fertigungsstunden der Arbeitskräfte verhalten. In diesen Fällen können die Fertigungsstunden als Bezugsgröße für die Gemeinkosten gewählt werden.

Für die Ermittlung der Plan-Einzellohnkosten ist es wichtig, welches Entlohnungssystem, also Zeit- oder Akkordlohnsystem, gewählt wurde. Die Planung der Einzellohnkosten vollzieht sich in **zwei Schritten:**

1) **Bestimmung der Planarbeitszeit**
2) **Planung der Einzellohnkosten**

zu 1) Bestimmung der Planarbeitszeit
Unter der Planarbeitszeit versteht man die Arbeitszeiten, *„die bei planmäßiger Produktionsgestaltung, planmäßigem Arbeitsablauf und planmäßigen Leistungsgraden der Arbeitskräfte für den einzelnen Kostenträger bzw. Arbeitsgang erforderlich sind*[59].

Zur Planung der Arbeitszeiten müssen die **Vorgabezeiten** ermittelt werden.

Grundsätzlich existieren **zwei Verfahren** zur Ermittlung der Vorgabezeiten:

I) Analytisches Verfahren
II) Synthetisches Verfahren

---

[58] vgl. Däumler, K.-D.; Grabe, J.: a.a.O., S. 74 ff; Giesen, H.; Heck, A.; Reisel, R.: Plankostenrechnung, Verfahren, ..., a.a.O., S. 103 f; Haberstock, L.: Kostenrechnung II, a.a.O., S. 206 ff; Kilger, W.: Flexible Plankostenrechnung, a.a.O., S. 229 ff; Marek, O.: a.a.O., S. 151 ff; Vormbaum, H.; Rautenberg, H.-G.: a.a.O., S. 136 f

[59] Haberstock, L.: Kostenrechnung II, a.a.O., S. 212

Zu I) Analytisches Verfahren
Bei dem analytischen Verfahren (z.B. REFA-Verfahren) wird die **Gesamtvorgabezeit** in **zwei Teilzeitbereiche** gesplittet.

Der **erste Bereich** umfaßt die **Teilzeiten,** wie z.B. reine Maschinenzeiten, **die nicht beeinflußt werden können**. Diese Teilzeiten werden aus den Vorgabedaten für diesen Arbeitsgang errechnet.

Im **zweiten Bereich** werden die **Teilzeiten** zusammengefaßt, **die beeinflußbar sind.** Zuerst werden die Istzeiten eines Arbeitsganges bei normalem Arbeitsablauf mehrmals gemessen, so daß aus den Istzeiten eines Arbeitsganges der durchschnittliche (d.h. normale) **Zeitverbrauch ermittelt** werden kann. Anschließend wird der **Leistungsgrad,** mit dem die gemessene Arbeit durchgeführt wurde, geschätzt.

Multipliziert man die gemessene Arbeit mit dem geschätzten Leistungsgrad und dividiert das Produkt durch 100, so erhält man die **Normalzeit.**

Zur Normalzeit werden die Zeiten, die in unregelmäßigen Abständen anfallen, z.B. für Umrüstungen der Maschinen, addiert. Diese Zeiten nennt man **Verteilzeiten.**

Als Ergebnis erhält man die **Vorgabezeit** für einen Arbeitsgang.

Zu II) Synthetisches Verfahren
Beim synthetischen Verfahren zur Vorgabezeitermittlung werden die Arbeitsabläufe in **Bewegungsgrundelemente,** wie z.B. Bringen, Greifen, Biegen usw. aufgeteilt. An Hand von Bewegungszeittabellen, die überbetrieblich ermittelt worden sind, werden die Vorgabezeiten der einzelnen Arbeitsgänge zusammengesetzt.

Bei diesem Verfahren kann auf langwierige betriebsinterne Zeitmessungen verzichtet werden. Die detaillierte Zerlegung der Arbeitsvorgänge in Bewegungsgrundelemente erfordert jedoch einen erheblichen Arbeitsaufwand.

Beide Verfahren haben gemeinsam, daß **den Vorgabezeiten *normale Leistungsgrade* unterstellt** werden. Der tatsächliche Leistungsgrad ist meistens höher als der normale. Aus diesem Grund ist bei der „Anwendung des Akkordlohnsystems (...) darauf zu achten, daß sich die Vorgabezeiten von den Planarbeitszeiten unterscheiden, da in den meisten Fällen der erwartete Leistungsgrad der Arbeitskräfte höher als der Normalleistungsgrad ist“[60].

Ist der Zeitlohn Grundlage der Lohnabrechnung, ist es, im Gegensatz zum Akkordlohn, nicht notwendig, Planarbeitszeiten für die eigentliche Entlohnung der Arbeitskräfte zu bilden. Es müssen jedoch **für eine Kostenkontrolle und Kalkulation Planarbeitszeiten ermittelt** werden. Sie werden zur Abgrenzung von den Vorgabezeiten des Akkordlohns oft als **Standardzeiten** bezeichnet.

---

[60] Kilger, W.: Flexible Plankostenrechnung und ..., a.a.O., S. 271

$$\text{Planarbeitszeit} = \frac{\text{Vorgabezeit}}{\text{Planleistungsgrad}}$$

Zu 2) Die Planung der Einzellohnkosten
Die Planung der Einzellohnkosten ist abhängig von dem Entlohnungssystem. Als Grundlage zur Ermittlung des Lohnsatzes dienen häufig die jeweiligen **Tarifverträge** der Arbeitskräfte.

Um den Planfertigungslohn bei einem Akkordlohnsystem zu ermitteln, müssen die **Plan-Akkordstunden** mit den **Akkordsätzen** multipliziert werden. Die Plan-Akkordstunden lassen sich z.B. auf folgende Weise ermitteln:

Plan-Akkordstunden (je Kostenstelle und Monat) = Planpersonalbestand × Planarbeitszeit × Planleistungsgrad

Bei dem **Zeitlohnsystem** wird der Planfertigungslohn folgendermaßen errechnet:

Planfertigungslohn = Planarbeitszeit × Planarbeiterzahl × Planlohnsatz

Bei beiden Systemen muß darauf geachtet werden, daß die inner- und außerbetrieblichen Lohnnebenkosten, die bei der Plan- und Istkostenrechnung anfallen, einheitlich abgerechnet werden[61].

7.2.3 Sondereinzelkosten

Auch hier ist, wie bei der Kostenplanung im Rahmen einer starren Plankostenrechnung bereits erwähnt, wiederum festzustellen, daß es bei den Sondereinzelkosten eine Vielzahl unterschiedlicher Kostenarten gibt. Daher lassen sich keine allgemeingültigen Regeln für ihre Planung aufstellen.

Generell sind die Sondereinzelkosten in den Bereichen Fertigung und Vertrieb zu finden. In beiden Bereichen kann zwischen Vorleistungskosten und leistungsmengenabhängigen Sondereinzelkosten unterschieden werden.

Beispiele hierfür sind im Schaubild 13 aufgelistet (s. S. 72).

Die **leistungsmengenabhängigen Sondereinzelkosten**, die sich proportional zur Produktmenge verhalten, lassen sich ohne weiteres wie Einzelkosten **direkt auf die Kostenträger verteilen**.

---

[61] vgl. Däumler, K.-D.; Grabe, J.: a.a.O., S. 77 ff; Haberstock, L.: Kostenrechnung II, a.a.O., S. 211 ff; Kilger, W.: Flexible Plankostenrechnung und ..., a.a.O., S. 266 ff; Schweitzer, M.; Hettich, G.; Klüpper, H.-U.: a.a.O., S. 256 f; Vormbaum, H.; Rautenberg, H.-G.: a.a.O., S. 130 ff

Sondereinzelkosten		
	der Fertigung	des Vertriebs
Vorleistungskosten	– Modelle – Entwürfe – Entwicklung – Forschung – Formen – Vorrichtungen – Spezialwerkzeuge – Erschließung in Gewinnungsbetrieben – Ausbildung – Pauschallizenzen	Werbeaktion: – zur Einführung eines Produktes – zur Erreichung eines hohen Bekanntheitsgrades
leistungsmengenabhängige Kosten	– Spezialwerkzeuge (wenn während der geplanten Produktion infolge von Abnutzung zu ersetzen) – Energie – Quotenlizenzen	– Verpackung – Transport – Installation beim Kunden – Vertreterprovision

Quelle: Vormbaum, Herbert; Rautenberg, Hans-Günter: Kostenrechnung III für Studium und Praxis, Plankostenrechnung, Baden-Baden und Bad Homburg vor der Höhe, 1985, S. 139

Schaubild 13: Beispiele für Sondereinzelkosten

Die **Vorleistungskosten,** die die Voraussetzung dafür bilden, daß sich ein Unternehmen in der Zukunft am Markt verbessert oder sich zumindest nicht verschlechtert, nehmen oft eine ***Mittelstellung zwischen Einzel- und Gemeinkosten*** ein. Nur die Vorleistungskosten, die sich direkt auf ein Produkt beziehen lassen, können ohne weiteres wie Sondereinzelkosten behandelt werden. ***Der Rest der Vorleistungskosten muß als Gemeinkosten verrechnet werden***[62].

[62] vgl. Däumler, K.-D.; Grabe, J.: a.a.O., S. 83 f; Haberstock, L.: Kostenrechnung II, a.a.O., S. 217 ff; Kilger, W.: Flexible Plankostenrechnung und ..., a.a.O., S. 287 ff; Vormbaum, H.; Rautenberg, H.-G.: a.a.O., S. 138 ff

7.3. Die Planung der Gemeinkosten

Nachdem der Betrieb in Kostenstellen aufgeteilt worden ist und die Kosten nach Kostenarten differenziert wurden (vgl. Kapitel 3.4 und 3.5), nachdem die jeweilige Bezugsgröße ausgewählt und die entsprechende Planbezugsgröße festgesetzt worden ist (vgl. Kapitel 5), beginnt die eigentliche Planung der Gemeinkosten.

Die besondere Schwierigkeit bei der Planung der Gemeinkosten resultiert daraus, daß ***ein kausaler Zusammenhang zwischen der Leistungsmenge und den Kosten nicht meßbar ist***[63]. Die fehlende Abhängigkeit der Gemeinkosten von der Leistungsmenge bewirkt, daß die Gemeinkosten, im Gegensatz zu den Einzelkosten, den Kostenträgern nicht direkt zurechenbar sind. *Sie müssen daher zunächst am Ort ihrer Entstehung erfaßt und von da aus auf die Kostenträger weiterverrechnet werden*[64].

Diese komplizierte Verrechnung der Gemeinkosten im Vergleich zu den Einzelkosten bedeutet auch in der Planung ein erhebliches Erschwernis.

Im Rahmen einer flexiblen Plankostenrechnung müssen die **Gemeinkosten ferner in variable und fixe Kosten aufgeteilt** werden. Die verschiedenen Verfahren zur Aufteilung (bzw. Auflösung) der Kosten können in zwei Gruppen zusammengefaßt werden.

1) **Statistische Methoden der Gemeinkostenplanung**
2) **Synthetische Methoden der Gemeinkostenplanung**

Bei den **synthetischen Methoden** „... werden die Verbrauchsmengen an Produktionsfaktoren mit Hilfe technischer und betriebswirtschaftlicher Studien geplant, mit den Planpreisen bewertet und zu den (Basis-) Plankosten zusammengefügt, aus denen dann die Sollkosten abgeleitet werden“[65].

Die synthetischen Methoden basieren somit weitgehendst nicht auf den Istzahlen vergangener Perioden.

Bei den **statistischen Methoden** hingegen erfolgt die Ableitung der Sollkosten aus den Istzahlen früherer Perioden mit Hilfe von graphischen oder mathematischen Methoden[66].

Die in der flexiblen Plankostenrechnung errechneten Sollkosten müssen dem tatsächlichen Kostenverlauf weitgehend entsprechen, da *sonst keine sinnvolle Kostenkontrolle* durchführbar ist[67]. In der Literatur und auch in der Praxis wird in diesem Zusammenhang vorwiegend von linearen **Kostenverläufen** ausgegangen[68]. Diese Annahme ist vor allem dann gerechtfertigt, wenn die Schwankungen beim Beschäftigungsgrad nicht zu groß sind[69].

---

[63] vgl. Mellerowicz, Konrad: Planung und Plankostenrechnung, Band II, Plankostenrechnung, Freiburg i. Br. 1972, S. 209
[64] vgl. ebenda
[65] Haberstock, L.: Kostenrechnung II, a.a.O., S. 226
[66] vgl. ebenda
[67] vgl. Mellerowicz, K.: Planung und Plankostenrechnung, Band II, a.a.O., S. 98 ff
[68] vgl. ebenda und vgl. Kilger, W.: a.a.O., S. 353
[69] vgl. Mellerowicz, K.: Planung und Plankostenrechnung, Band II, a.a.O., S. 98

Häufig lassen sich auch **nicht-lineare Kostenverläufe** im relevanten Bereich durch eine Gerade approximieren, so daß auch in diesem Falle von einem linearen Verlauf der Kosten ausgegangen werden kann.

Bei der Gemeinkostenplanung werden also die Sollkostenverläufe bestimmt. Sind diese ermittelt, so ist damit auch der fixe und variable Bestandteil der Kosten bekannt. Die Methoden der **Kostenauflösung** entsprechen somit den Methoden der **Gemeinkostenplanung.** Als Ergebnis der Gemeinkostenplanung erhält man einen Gemeinkostenplan. Er enthält eine „Zusammenstellung und Zusammenfassung der geplanten Gemeinkosten nach Art und Höhe pro Kostenstelle und pro Bezugsgröße"[70].

Werden für eine Kostenstelle mehrere Bezugsgrößen benötigt, so müssen auch mehrere Gemeinkostenpläne gebildet werden. Die Gemeinkostenpläne dienen dazu,

(1) die Sollgemeinkosten zu liefern, die die Grundlage der Gemeinkostenkontrolle sind,
(2) die Plankalkulationssätze als Grundlage für die Errechnung der Stückkosten zu ermitteln und
(3) die für Planungsrechnungen notwendigen Gemeinkosten zu dokumentieren.

Es gibt grundsätzlich **drei Möglichkeiten**, Gemeinkostenpläne darzustellen:

1) **Die graphische Darstellung:**
Sie hat den Vorteil, daß sie sehr anschaulich ist. Aus diesem Grund wird sie hauptsächlich zu didaktischen Zwecken verwendet.

2) **Die formelmäßige Darstellung:**
Sie wird häufig bei der EDV-gestützten Ermittlung der Sollkosten verwendet.

3) **Die tabellarische Darstellung:**
Diese Darstellung der Gemeinkostenpläne ist die informativste, da in ihr sowohl ein Gesamtbild als auch alle Einzelheiten gleichzeitig anschaulich abgebildet werden können[71].

7.3.1 Statistische Methoden der Gemeinkostenplanung

Die Planung der Gemeinkosten unter Anwendung *mathematisch-statistischer Verfahren* kann auf verschiedene Weise erfolgen. Die wichtigsten Verfahren sind:

1) **das Streupunktdiagramm,**
2) **das Hoch-Tiefpunkt-Verfahren** und
3) **die Trendberechnung** nach der Methode der kleinsten Quadrate (Regressionsanalyse).

---

[70] Haberstock, L.: Kostenrechnung II, a.a.O., S. 219

[71] vgl. Däumler, K.-D.; Grabe, J.: a.a.O., S. 104; Haberstock, L.: Kostenrechnung II, a.a.O., S. 219 ff; Vormbaum, H.; Rautenberg, H.-G.: a.a.O., S. 140 f

Bei allen drei Verfahren wird eine **Sollkostenfunktion** ermittelt, so daß dann im Rahmen der Kostenkontrolle nur noch der **Wert der Istbezugsgröße in die Funktion eingesetzt** zu werden braucht, um die Sollkosten zu erhalten.

Die statistischen Methoden der Gemeinkostenplanung sind untrennbar mit den statistischen Verfahren der Kostenauflösung verbunden, oftmals werden diese Begriffe in der Literatur synonym verwendet[72]. Für die Unterscheidung maßgebend ist dabei nur, ob die **Sollkosten** oder der **Anteil der fixen und variablen Kosten** Ziel der Analyse ist[73].

In der folgenden Abbildung sind die Methoden der statistischen Gemeinkostenplanung den Bezeichnungen der dazugehörigen Verfahren der statistischen Kostenauflösung gegenübergestellt[74]:

Methode der GmK-Planung	**Verfahren der Kostenauflösung**
Streupunkt-Diagramm	„graphisches Verfahren"
Hoch-Tiefpunkt-Methode (Zweipunkt-Methode)	„Differenzen-Quotienten-Verfahren" = „mathematische Kostenauflösung nach SCHMALENBACH = „rechnerisches Verfahren"
Trendberechnung	„mathematisch-statistische Kostenauflösung"

Schaubild 14: Gegenüberstellung der statistischen Methoden der Gemeinkostenplanung und der statistischen Verfahren der Kostenauflösung.

Die mathematisch-statistischen Methoden zur Planung der Gemeinkosten in einer flexiblen Plankostenrechnung führen nur dann zu *brauchbaren Ergebnissen,* wenn einige **wesentliche Voraussetzungen** erfüllt sind. Die wichtigste Voraussetzung ist, daß für einen längeren Zeitraum die Beobachtungswerte für die abhängige und die unabhängige Variable, d.h. für die Gemeinkostenart und ihre Bezugsgröße(n), vorliegen müssen[75]. Die Istzahlen der Vergangenheit müssen dabei kostenstellenweise und innerhalb der Kostenstellen nach Kostenarten unterteilt aufgezeichnet sein[76]. Nach Kilger sollten mindestens zwölf Beobachtungsperioden zur Verfügung stehen, um jahreszeitlich und saisonal bedingte Einflüsse auszuschalten[77].

---

72 vgl. Haberstock, L.: Kostenrechnung II, a.a.O., S. 231
73 vgl. ebenda
74 entnommen aus ebenda, S. 231
75 vgl. Schweitzer, Marcell; Hettich, Günter-O.; Küpper, Hans-Ulrich: Systeme der Kostenrechnung, München 1975, S. 254
76 vgl. Recksiegel, W.-R.: a.a.O., S. 84
77 vgl. Kilger, W.: a.a.O., S. 352

Ist die Bestimmung der optimalen Bezugsgröße für das Planjahr nicht[78] oder nicht unter Anwendung mathematisch-statistischer Verfahren erfolgt, so müssen die Istzahlen der Vergangenheit vorher von Fehlkontierungen, Kostensprüngen, Umorganisationsfolgen, Unwirtschaftlichkeiten usw. bereinigt werden[79].

Des weiteren müssen die Werte der Bezugsgröße in einem größeren Bereich geschwankt haben[80]. Ist dies nicht der Fall, so treten sog. „Streupunktballungen" auf, welche die Ermittlung der Regressionsfunktion erschweren, wenn nicht gar unmöglich machen. Zudem darf im Zuge der Einführung der flexiblen Plankostenrechnung keine Neueinteilung des Betriebes in Kostenstellen stattgefunden haben, da dann die erforderliche Gliederung der Kostenarten nach Kostenstellen, was Vergangenheit und Planperiode betrifft, nicht gegeben ist[81].

Weitere Voraussetzungen sind, daß in der Planperiode weder neue Maschinen bzw. Anlagen in der zu planenden Kostenstelle eingesetzt, noch neue Produkte in der Kostenstelle produziert werden dürfen. Dies hätte nämlich eine *Veränderung des Kostengefüges* zur Folge, und somit muß eine auf Vergangenheitszahlen beruhende Planung zu falschen Ergebnissen führen[82].

7.3.1.1 Streupunktdiagramm

Die einfachste statistische Methode zur Bestimmung der Sollkostenfunktion ist das Streupunktdiagramm. Sie wird häufig auch als *graphische Methode* bezeichnet. Beim graphischen Verfahren werden die bereinigten Istkosten und Istbezugsgrößen in ein Streupunktdiagramm eingetragen. Da die Kostenplanung pro Kostenstelle nach Kostenarten differenziert erfolgen muß, ist **für jede Kostenart gesondert ein Streupunktdiagramm** zu erstellen. Das Diagramm enthält auf der Abzisse die Istbezugsgrößen und auf der Ordinate die zugehörigen Istkosten. Durch die aufgetragene Punkteschar wird **nach „Augenmaß" eine Gerade gezeichnet**. *Dabei sollen die positiven und negativen Abweichungen der Wertepaare in etwa ausgeglichen werden.* Die Gerade wird bis zur Ordinate extrapoliert.

Der Abstand auf der Ordinate zwischen Koordinatenursprung und dem Schnittpunkt der Geraden mit der Ordinate gibt den **Anteil der fixen Kosten** an. Die Höhe der **proportionalen Kosten** wird durch die Steigung der Geraden bestimmt.

Die Steigung der Geraden ermittelt man, indem man in der Höhe, in der die Gerade die Ordinate schneidet, eine Gerade parallel zur Abzisse in das Diagramm

---

78 Die Bestimmung der optimalen Bezugsgröße wird nicht für jeden Planzeitraum neu durchgeführt, sondern nur, wenn sich wesentliche Änderungen ergeben haben.

79 Im anderen Falle wird die Soll-Ist-Abweichungsanalyse unnötig erschwert

80 vgl. Schweitzer, M.; Hettich, G.-O.; Küpper, H.-U.: a.a.O., S. 254 und vgl. Recksiegel, W.-R.: a.a.O., S. 75

81 vgl. Büttner, Richard: Praktische Durchführung der Kostenplanung – Controlling von Kosten, Erlösen und Leistung mit EDV, in: „Online", Zeitschrift für Datenverarbeitung, Heft 10, 1974, Köln-Braunschweig, S. 653

82 vgl. ebenda

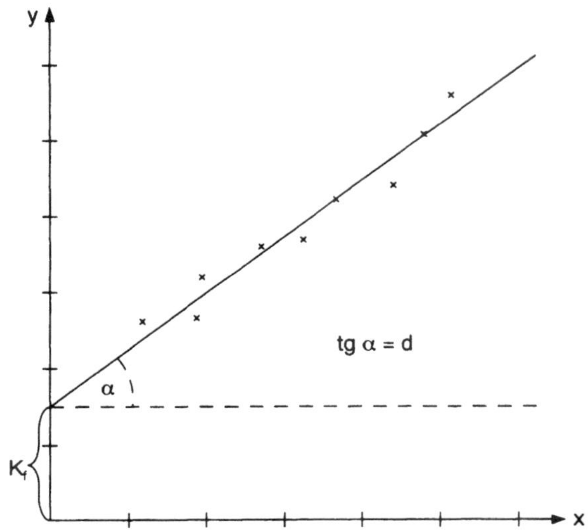

Schaubild 15: Streupunktdiagramm mit einer freihand eingezeichneten Sollkostengerade.

zeichnet. Der Tangens des Winkels zwischen dieser Geraden und der Sollkostenlinie stellt die *Steigung „d" der Sollkostenlinie* dar.

Erscheinen dem Kostenplaner die Kosten als überhöht, da er vermutet, daß Unwirtschaftlichkeiten bei der Bereinigung der Istkosten nicht erfaßt werden konnten, so bestehen für ihn mehrere Möglichkeiten, die Kosten zu korrigeren[83].

Es ist zu differenzieren, ob der Kostenplaner

(1) nur die Fixkosten,
(2) nur die variablen Kosten oder
(3) die fixen und die variablen Kosten

als überhöht ansieht.

[83] vgl. Kilger, W.: a.a.O., S. 353

Die verschiedenen Möglichkeiten sind in den folgenden Abbildungen dargestellt:

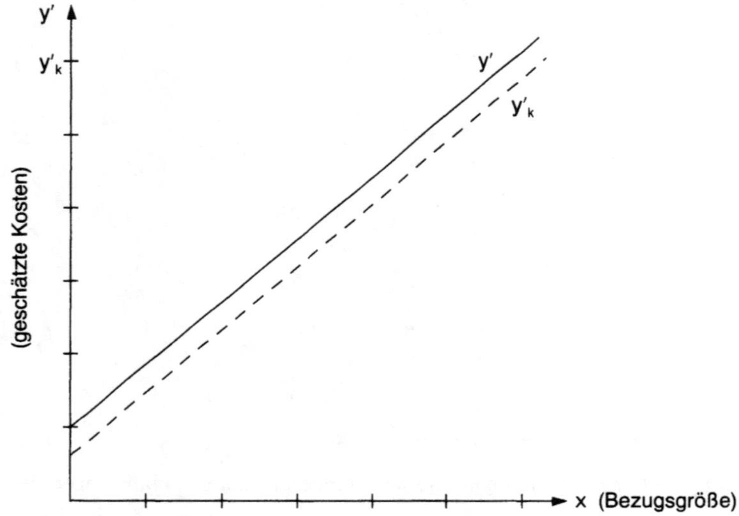

Schaubild 16: Darstellung der Kostenfunktion y' und der korrigierten Sollkostenfunktion y'_k, wenn der Kostenplaner nur die fixen Kosten als überhöht ansieht.

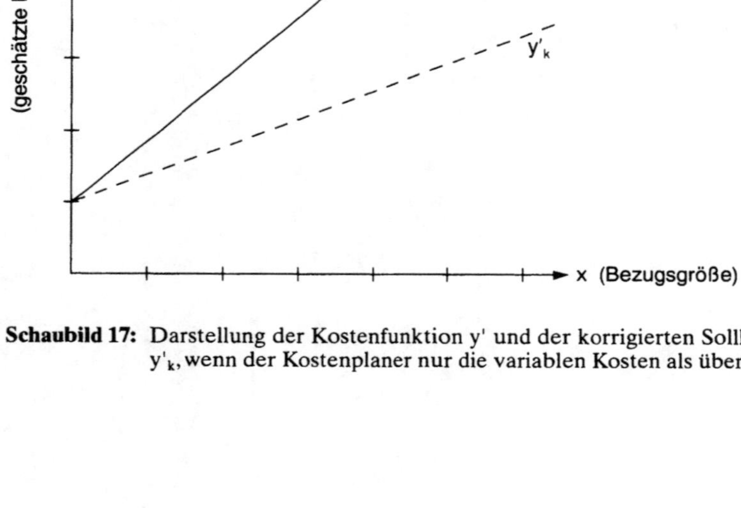

Schaubild 17: Darstellung der Kostenfunktion y' und der korrigierten Sollkostenfunktion y'_k, wenn der Kostenplaner nur die variablen Kosten als überhöht ansieht.

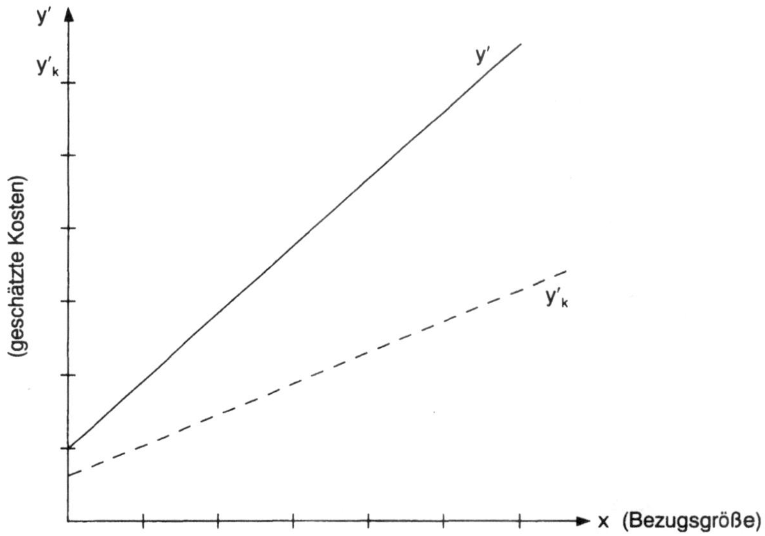

Schaubild 18: Darstellung der Kostenfunktion y' und der korrigierten Sollkostenfunktion y'_k, wenn dem Kostenplaner sowohl die variablen als auch die fixen Kosten als überhöht erscheinen.

7.3.1.2 Hoch-Tiefpunkt-Verfahren[84]

Ein weiteres statistisches Auswertungsverfahren zur Gemeinkostenplanung ist das Hoch-Tiefpunkt-Verfahren. Es ist mit der von Schmalenbach beschriebenen Methode der „mathematischen Kostenauflösung" identisch.

Bei diesem Verfahren greift man aus den bereinigten Istkosten und Istbezugsgrößen zwei Wertepaare heraus, deren Istbezugsgrößen möglichst weit auseinander liegen (Punkte A und B, Schaubild 19).

Bezeichnet man die Koordinaten dieser Punkte mit x_1, y_1 und x_2, y_2, so erhält man die Steigung „d" der Sollkostengerade, indem man aus den Kosten- und Bezugsgrößendifferenzen den *Quotienten* bildet:

$$d = \frac{y_2 - y_1}{x_2 - x_1} = \frac{\Delta y}{\Delta x}$$

E. Schmalenbach hat die Größe „d" als „proportionalen Satz" bezeichnet.

[84] vgl. zu diesem Abschnitt Kilger, W.: a.a.O., S. 354 f und Haberstock, L.: Kostenrechnung II, a.a.O., S. 228 f

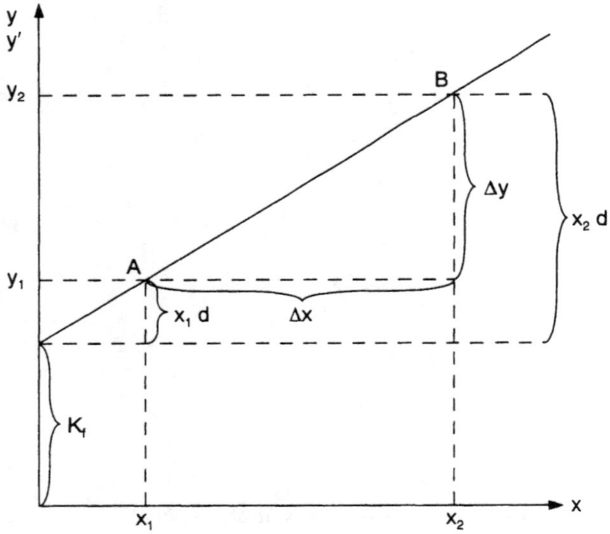

Schaubild 19: Graphische Darstellung des Hoch-Tiefpunkt-Verfahrens.

Die fixen Kosten K_f errechnet man wie folgt:

entweder: $K_f = y_1 - dx_1$
oder: $K_f = y_2 - dx_2$

Die Sollgemeinkostenfunktion wird anschließend wie folgt gebildet:

$$y = K_f + dx$$

Der Vorteil dieser Methode liegt darin, daß sie ***relativ einfach zu handhaben*** ist und im Gegensatz zum Streupunktdiagrammverfahren auf eine graphische Darstellung verzichtet werden kann, da ein rechnerisches Verfahren als Grundlage dient.

Der Nachteil des Hoch-Tiefpunkt-Verfahrens ergibt sich durch die **unter Umständen *mangelnde Genauigkeit*.** Wenn y_1 und y_2 vom Gesamtdurchschnitt stark abweichen, so wird das ermittelte Ergebnis den tatsächlichen Kostenverlauf nicht richtig wiedergeben.

Die Wahl der beiden Istwertepaare ist meist mehr oder weniger zufällig. **Dieser Zufall kann durch Mittelwertbildung etwas eingegrenzt werden**.

Zu diesem Zweck werden zwei Gruppen gebildet. In der einen werden die bereinigten Istkosten bei niedriger dazugehörender Istbeschäftigung, in der anderen die Istkosten bei entsprechend hoher Istbeschäftigung zusammengefaßt. An Hand der Mittelwerte dieser beiden Gruppen wird dann der Sollkostenverlauf ermittelt.

7.3.1.3 Trendberechnung

Das wohl in der Praxis am weitesten verbreitete statistische Verfahren zur Gemeinkostenplanung ist die Trendberechnung nach der Methode der kleinsten Quadrate (Regressionsanalyse).

Sie basiert, ähnlich wie das Streupunktdiagramm, auf einer Vielzahl empirisch gewonnener Wertepaare. Im Gegensatz zum Streupunktdiagramm liefert es jedoch keine Sollkostengerade, die nach **„Augenmaß"** in ein Diagramm eingezeichnet wurde, sondern ***eine exakte mathematische Trendberechnung***, *die frei von subjektiven Einflüssen* ist.

In der Regel wendet man zur Bestimmung der Sollkostenfunktion die Methode der kleinsten Quadrate in Form der linearen Einfachregression an, da vorwiegend nur eine Bezugsgröße als optimale Bezugsgröße gewählt wird.

Die Methode der kleinsten Quadrate ist jedoch im Gegensatz zum Streupunktdiagramm und zum Hoch-Tiefpunkt-Verfahren auch dann anwendbar, wenn *die* ***Sollkostenfunktion in Abhängigkeit von mehreren Bezugsgrößen*** *ermittelt werden soll.* Ist dies der Fall, so bestimmt man die Sollkostenfunktion mit Hilfe der linearen Mehrfachregression[85]. Zu ihrer Erläuterung wird auf die weitergehende Fachliteratur verwiesen[86].

Sowohl bei der linearen Einfach- als auch bei der linearen Mehrfachregression ist die Grundüberlegung, daß man eine Funktion errechnet, „... die sich möglichst gut an die empirischen Werte anpaßt"[87]. Dabei geht man davon aus, daß zwischen der abhängigen Variablen und den unabhängigen Variablen eine *stochastische Beziehung* besteht.

Bei der **linearen Einfachregression**[88] wird davon ausgegangen, daß eine Variable y von einer Variablen x abhängig ist. Die Variable y wird als **Regressand** bzw. zu erklärende Variable und die Variable x als **Regressor** bzw. erklärende Variable bezeichnet.

Die mathematische Funktion, die die Abhängigkeit zwischen den beiden Variablen beschreibt, nennt man **yx-Regressionsfunktion**. Sie zeigt „die einseitige stochastische Abhängigkeit der zu erklärenden Variablen von einer anderen Varia-

[85] Vor einigen Jahren stand der zusätzliche Rechenaufwand der linearen Mehrfachregression gegenüber der linearen Einfachregression in keinem ökonomischen Verhältnis zur zusätzlichen Planungsgenauigkeit. Diese Tatsache hat sich jedoch durch die in den letzten Jahren fortschreitende Entwicklung und Verbreitung von Datenverarbeitungsanlagen geändert. So daß heute ohne großen Mehraufwand Sollkostenfunktionen in Abhängigkeit von mehreren BG durch multiple Regressionen ermittelt werden können, was eine weitere Planungsgenauigkeit bewirkt.

[86] vgl. Förster, E.; Rönz, B.: Methoden der Korrelations- und Regressionsanalyse, Berlin 1979

[87] Förster, E.; Rönz, B.: a.a.O., S. 65

[88] Für den folgenden Abschnitt vgl. Förster, E.; Rönz, B.: a.a.O., S. 64 ff

blen"[89] auf. Bei einer linearen Einfachregression geht man von einer yx-Regressionsfunktion von folgender Gestalt aus:

$$\mathbf{y = a + bx}$$

In dieser Gleichung sind a und b die **Regressionskoeffizienten,** wobei a den Ordinatenabschnitt, also die fixen Kosten und b die Steigung der Geraden, also den Grad der Proportionalität, symbolisieren. Die yx-Regressionsfunktion, die hier die **Abhängigkeit der Gemeinkosten von der Bezugsgröße** aufzeigt, stellt somit die Sollkostenfunktion dar, die sich am besten den beobachteten Werten anschmiegt. Dies erreicht man, indem man den Fehler bei der Formulierung möglichst klein hält. Unter dem Fehler versteht man die Differenz des empirischen Wertes y_i von dem theoretischen Wert y'_i. Dieser Fehler wird auch **Störvariable** oder **Residuum** „u_i" genannt.

$$y_i - y'_i = u_i \quad (i = 1, 2, ..., n)$$

„y_i gibt den mittleren Wert der Variablen y bei vorgegebenem Wert x_i der erklärenden Variablen x an, unter der Voraussetzung, daß ausschließlich die Variable x als Ursache für die Veränderungen der Variablen y angesehen wird, und daß die zufällige Störvariable den Wert Null hat. Weitere nicht erfaßte Ursachen und

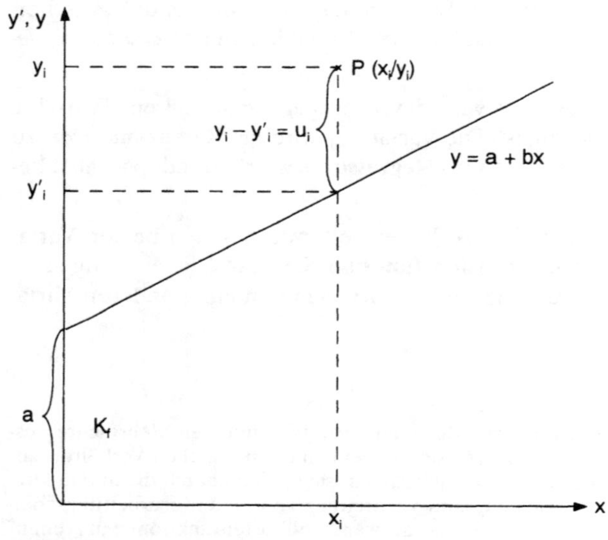

Schaubild 20: Lineare Regressionsfunktion.
P = Punkt aus der Punkteschar.

[89] Förster, E.; Rönz, B.: a.a.O., S. 63

der Zufall lassen die empirischen Werte der Variablen y um die Regreßwerte schwanken, was zu den numerischen Werten der Störvariablen u führt"[90].

Damit die Regressionsfunktion sich möglichst gut den beobachteten Werten anpaßt, müssen die u_i gleich Null sein, d.h. die „... Summe der Abweichungen aller empirischen Werte y_i von den theoretischen Werten y'_i (Regreßwerte)"[91] muß Null sein:

$$\sum_{i=1}^{n} (y_i - y_i') = \sum_{i=1}^{n} u_i = 0$$

Würde man nur diese Bedingung stellen, so wäre eine eindeutige Festlegung der optimalen Regressionsgeraden nicht möglich. Nach diesem Kriterium wären unendlich viele Regressionsgeraden denkbar, nämlich alle, *bei denen die Summe der positiven Abweichungen der empirischen Werte von den Regreßwerten gleich der Summe der negativen Abweichungen ist.*

Damit nur eine Gerade als optimale Gerade ermittelt wird, muß die folgende Bedingung erfüllt sein:

$$\sum_{i=1}^{n} (y_i - y_i')^2 = \sum_{i=1}^{n} u_i^2 = \text{minimal}$$

Das bedeutet:
Die Summe der Abweichungsquadrate muß minimal sein. Graphisch läßt sich diese Bedingung wie folgt darstellen:

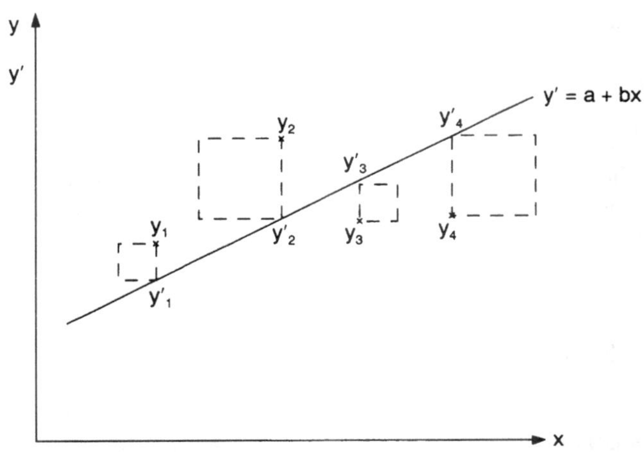

Schaubild 21: Forderung der kleinsten Quadrate der Residuen.

---

90 Förster, E.; Rönz, B.: a.a.O., S. 64
91 ebenda, S. 65

Zur Ermittlung der Regressionskoeffizienten „a“ und „b“ erstellt man sich eine Tabelle. Die Tabelle sollte wie folgt aufgebaut sein:

x_i	u	y_i	v	u^2	uv
.	.	.	.	.	.
.	.	.	.	.	.
.	.	.	.	.	.
.	.	.	.	.	.
.	.	.	.	.	.
.	–	.	–	–	.

Schaubild 22: Arbeitstabelle zur Ermittlung der Sollkostenfunktion nach der Methode der kleinsten Quadrate.

Dabei bedeutet
x_i: Anzahl der ermittelten Bezugsgrößen
y_i: bei der jeweiligen Bezugsgrößenanzahl angefallene Kosten
u: Abweichung vom Durchschnittswert von x_i
v: Abweichung vom Durchschnittswert von y_i

Der Wert von „b“ errechnet sich dann aus der Formel:

$$b = \frac{\sum uv}{\sum u^2}$$

Die Auflösung der Gleichung y = a + bx nach „a“ ergibt:

$$a = y - bx,$$

wobei „y“ der Durchschnittswert von „y_i“ ist und „x“ der Durchschnitt von „x_i“.

Somit sind jetzt sowohl die fixen Kosten, nämlich „a“, als auch die proportionalen Kosten pro Bezugsgrößeneinheit „x_i“, nämlich „b“, errechnet. Damit können jetzt für jede beliebige Bezugsgrößenanzahl „x_i“ die Kosten aus der Formel y = a + bx errechnet werden.

7.3.2 Synthetische Methoden der Gemeinkostenplanung

Bei der Gemeinkostenplanung mittels synthetischer Methoden wird versucht, im Gegensatz zu den statistischen Methoden, so weit wie möglich *ohne Istwerte der Vergangenheit* auszukommen.

Die Plankosten werden mittels Kostenplanungstechniken (vgl. Kap. 3.2), also an Hand von
- Berechnungen,
- Messungen,

- Funktionsanalysen,
- Schätzungen,
- Rückgriffen auf Erfahrungswerte,
- internen und externen Vergleichen usw.

ermittelt.

Die einzelnen Kostenarten einer Kostenstelle werden bei dieser Methode erstens auf die **Höhe der Kosten** bei einer bestimmten Planbeschäftigung untersucht und zweitens auf ihre **Abhängigkeit von Beschäftigungsänderungen**. *Voraussetzung für diese Methode ist eine konstante Kapazität.*

Da die synthetischen Methoden der Gemeinkostenplanung losgelöst von Istwerten der Vergangenheit funktionieren, sind die auf diese Weise geplanten Kosten weitgehend frei von Unwirtschaftlichkeiten. Aus diesem Grund liefern sie normalerweise bessere Planzahlen als die statistischen Methoden[92].

Die synthetischen Methoden der Gemeinkostenplanung lassen sich in zwei Gruppen einteilen:

1) **Einstufige Gemeinkostenplanung**
2) **Mehrstufige Gemeinkostenplanung**

7.3.2.1 Die einstufige Gemeinkostenplanung

Bei der einstufigen Gemeinkostenplanung wird von einem **linearen Sollkostenverlauf** ausgegangen. Sie wird in **drei Schritten** durchgeführt:

I) Erster Schritt:

An Hand von Messungen, Berechnungen usw. (Kostenplanungstechniken) werden die Plankosten entsprechend der Planbezugsgröße für jede Kostenart ermittelt. Die Durchführung der Planung ist bestimmt durch die Besonderheiten der verschiedenen Kostenarten.

II) Zweiter Schritt:

Nachdem die Kosten geplant wurden, werden sie in ihre fixen und variablen Bestandteile aufgelöst.
Die Art und Weise der Kostenauflösung ist bei der ***Vollkostenrechnung*** und bei der ***Grenzkostenrechnung*** *unterschiedlich.*

A) Vollkostenrechnung

Die Kostenauflösung in einer Vollkostenrechnung geschieht durch Variatoren. Ein Variator gibt an

---

[92] vgl. Haberstock, L.: Kostenrechnung II, a.a.O., S. 231 ff; Klümper, P.: a.a.O., S. 163 f; Michel, R.; Torspecken, H.-D.: Kostenrechnung II, a.a.O., S. 55

um welchen Prozentsatz sich die Gesamtkosten ändern, wenn die Istbeschäftigung um 10% von der Planbeschäftigung abweicht[93].

$$\bar{v} = \frac{\text{variable Plankosten}}{\text{gesamte Plankosten}} \times 10$$

Der Variator kann zwischen 0 und 10 schwanken. Hat der Variator den Wert 0, so bestehen die Gesamtkosten ausschließlich aus fixen Kosten. Nimmt er den Wert 10 an, so sind keine fixen Kosten in den Gesamtkosten enthalten, d.h. die Gesamtkosten verhalten sich völlig proportional zu einer Beschäftigungsänderung.

In der Regel treten Werte zwischen 0 und 10 auf. Hat ein Variator z.B. den Wert 6, dann bedeutet dies, daß 60% der gesamten Kosten variabel und 40% fix sind.

Die Formel für die Errechnung der Soll-Gemeinkosten unter Verwendung des Variators lautet:

$$K^{(s)} = \underbrace{K^{(p)} \times \left(1 - \frac{\bar{v}}{10}\right)}_{\text{fixer Teil}} + \underbrace{K^{(p)} \times \frac{\bar{v}}{10} \times \frac{B^{(i)}}{B^{(p)}}}_{\text{variabler Teil}}$$

Für die verrechneten Plan-Gemeinkosten, die in der Vollkostenrechnung von den Soll-Gemeinkosten abweichen, gilt die Formel:

$$K^{(ver)} = \frac{K^{(p)}}{B^{(p)}} \times B^{(i)}$$

Beispiel 10:

Gegeben sind: Plankosten = 120.000,– DM
Variator = 4
Planbezugsgröße = 10.000 Std.
Istbezugsgröße = 8.000 Std.

$$\begin{aligned} K^{(s)} &= 120.000 \times (1 - 0{,}4) + 120.000 \times 0{,}4 \times \frac{8.000}{10.000} \\ &= 72.000 + 38.400 \\ &= \underline{\underline{110.400{,}\text{– DM}}} \end{aligned}$$

[93] Vormbaum, H.; Rautenberg, H.-G.: a.a.O., S. 148 „$\bar{v}$" ist das Symbol für den Variator

$$K^{(ver)} = \frac{120.000}{10.000} \times 8.000$$
$$= \underline{\underline{96.000,\text{– DM}}}$$

Der Variator als Instrument der Kostenauflösung ist ein sehr einfaches Verfahren. Es besteht die Gefahr, daß individuelle Kostenverhältnisse der einzelnen zu planenden Kostenstellen nicht berücksichtigt werden, wenn auf Variatoren der *vorherigen Periode* oder auf Variatoren *anderer Betriebe oder Bereiche* zurückgegriffen wird[94].

B) Grenzkostenrechnung

Die Auflösung der Gemeinkosten innerhalb der Grenzkostenrechnung wird **planmäßige Kostenauflösung** genannt. Bei diesem Verfahren wird für jede Kostenart einer Kostenstelle gesondert festgestellt, wie sie sich bei Beschäftigungsschwankungen verändert[95].

> **Der Teil der geplanten Gesamtkosten wird als fix bezeichnet, der bei einer gegen Null strebenden Beschäftigung einer konstanten Kapazität bestehen bleibt.**

Sowohl der fixe als auch der variable Bestandteil der Plankosten wird bei dieser Methode jeweils mit seinen absoluten Beträgen angegeben. Aus den Plankosten können dann die Sollkosten (die bei der Grenzplankostenrechnung identisch mit den verrechneten Plankosten sind) mittels folgender Formel errechnet werden:

$$K^{(s)} = K^{(ver)} = K_f^{(p)} + \frac{K_v^{(p)}}{B^{(p)}} \times B^{(i)}$$

$$\frac{K_v^{(p)}}{B^{(p)}} = d^{(p)} \text{ (Plankalkulationsumsatz)}$$

daher auch die Schreibweise:

$$K^{(s)} = K^{(ver)} = K_f^{(p)} \times d^{(p)} \times B^{(i)}$$

Beispiel 11:

Gegeben sind:	Plankosten	= 120.000,– DM
	davon fixer Anteil	= 72.000,– DM
	Planbezugsgröße	= 10.000 Std.
	Istbezugsgröße	= 8.000 Std.

[94] vgl. Kilger, W.: Flexible Plankostenrechnung, a.a.O., S. 380 ff; Klümper, P.: a.a.O., S. 164 f; Medicke, W.: a.a.O., S. 80 ff; Vormbaum, H.; Rautenberg, H.-G.: a.a.O., S. 148 ff

[95] Kilger, W.: Flexible Plankostenrechnung und ..., a.a.O., S. 361

$$K^{(s)} = K^{(ver)} = 72.000 + \frac{48.000}{10.000} \times 8.000$$
$$= 72.000 + 38.400$$
$$= \underline{\underline{110.400,- \text{ DM}}}$$

Generell ist die planmäßige Kostenauflösung, obwohl sie zeitaufwendig ist, der zuerst beschriebenen Variatormethode vorzuziehen, da sie die Gesamtkosten exakter aufspaltet.

III) Dritter Schritt:

Nachdem die Kosten geplant und aufgelöst worden sind, werden nun die Kostenpläne gebildet. Auf der Grundlage der Kostenpläne können die linearen **Sollkostenverläufe** und **Plankalkulationssätze** der Kostenstellen ermittelt werden. Die Plankalkulationssätze der Grenzplankostenrechnung und der Vollkostenrechnung sind, wie bereits erörtert, unterschiedlich, denn im Rahmen einer Grenzplankostenrechnung enthalten sie keine fixen Kostenbestandteile.
Zum Aufbau der Kostenpläne s. Kapitel 7.5.

7.3.2.2 Die mehrstufige Gemeinkostenplanung

Die ältere Form der beiden synthetischen Methoden der Gemeinkostenplanung ist die einstufige Planung. Sie ist im Rahmen der starren Plankostenrechnung entwickelt worden. Innerhalb dieses Kostenrechnungssystems werden *lediglich für die Planbezugsgröße (Planbeschäftigung) die Plankosten ermittelt.*

Dieser Nachteil kann durch die mehrstufige Gemeinkostenplanung behoben werden. Diese Art der Gemeinkostenplanung kann dann auch in einer flexiblen Plankostenrechnung durchgeführt werden. **Dabei werden die Sollkosten für mehrere Planbeschäftigungsgrade errechnet.** Nach Medicke sollen die Sollkosten bei einer Planbeschäftigung von 50, 75 und 100% ermittelt werden. Haberstock und Kilger fordern 10%-ige Abstände zwischen den verschiedenen Planbeschäftigungsgraden. Die Werte zwischen den einzelnen Planbeschäftigungen können durch Interpolation errechnet werden. Auf diese Weise erhält man einen sogenannten **Stufenplan,** der die Sollkosten einer Kostenstelle (bzw. Kostenart) bei den jeweiligen Istbeschäftigungsgraden angibt (Schaubild 23).

Bevor man mit der Erstellung des Stufenplanes beginnt, wird zunächst einmal die ***relevante Beschäftigungsgradspanne*** festgelegt. Eine Spanne von 60 bis 120% Beschäftigungsgrad ist in der Regel ausreichend, denn ein Unter- oder Überschreiten dieser Werte bedeutet eine derartig veränderte Situation, daß Planungsgrundlagen und Planungsvoraussetzungen völlig andere geworden sind, so daß von Grund auf neu geplant werden muß.

Ist die Beschäftigungsgradspanne festgelegt, wird als nächstes ausgehend vom Beschäftigungsgrad 100% (Planbeschäftigungsgrad), ein **Maßnahmenplan** der

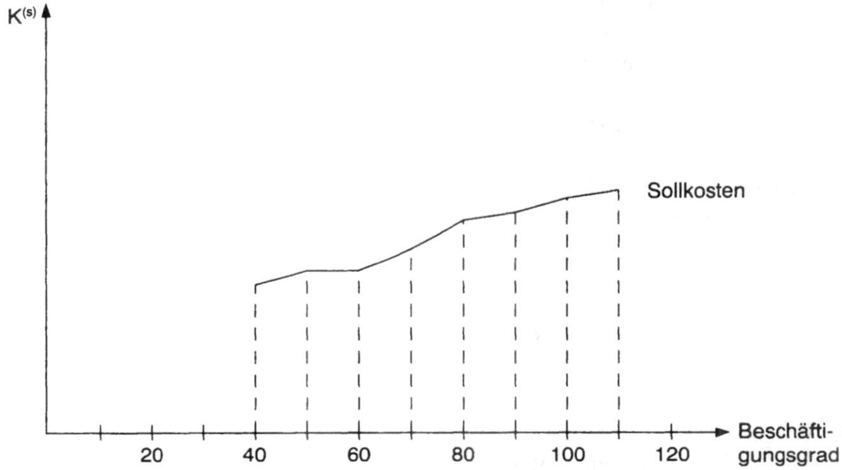

Schaubild 23: Mehrstufige Gemeinkostenplanung.

Kostenstelle für die einzelnen Beschäftigungsgrade in 10%-Abständen erstellt. *Das bedeutet, daß festgelegt wird, welche Maßnahmen bei welcher Beschäftigungsgradänderung getroffen werden müssen.*

Aus diesem Maßnahmenplan werden dann die Auswirkungen auf jede Kostenart ermittelt. Liegt eine Grenzplankostenrechnung vor, kann überdies für jeden Beschäftigungsgrad eine Kostenauflösung vorgenommen werden.

Beispiel 12:
Maßnahmenplan für die Beschäftigungsgrade 110% und 90% der Kostenstelle „Bohrerei":

Beschäftigungsgrad 110%:
1. täglich 1 Überstunde pro 2 Mitarbeiter
2. Halbteilevorrat um 1.000 Stück erhöhen

→ hieraus ergeben sich Auswirkungen z.B. auf die Lohnkosten, Energiekosten und Materialkosten

Beschäftigungsgrad 90%:
1. Abbau alten Urlaubs
2. Sperrung einer nicht besetzten Planstelle
3. Verringerung des Halbteilevorrats usw.

Die mehrstufige Gemeinkostenplanung ist sehr gut geeignet, nichtlineare, unstetige Sollkostenverläufe zu erfassen. Sie ist allerdings sehr arbeitsintensiv. Da in der Praxis außerdem oft hinreichend lineare Sollkostenverläufe vorliegen, empfehlen viele Autoren, die mehrstufige Gemeinkostenplanung in der Tat nur in Fällen nicht-linearer Sollkostenverläufe vorzunehmen[96].

---

[96] vgl. Däumler, K.-D.; Grabe, J.: a.a.O., S. 119 f; Haberstock, L.: Kostenrechnung II, a.a.O., S. 234 f; Kilger, W.: Flexible Plankostenrechnung und ..., a.a.O., S. 358 ff; Medicke, W.: a.a.O., S. 78 f; Vormbaum, H.; Rautenberg, H.-G.: a.a.O., S. 153 f

Abschließend ist noch einmal wiederholend darauf hinzuweisen, daß die synthetischen Methoden der Gemeinkostenplanung, obwohl sie arbeitsaufwendiger sind, denen der statistischen Methoden in den meisten Fällen vorzuziehen sind. Sie liefern eine ***exaktere Sollkostenfunktion, da sie keine Unwirtschaftlichkeiten der Vergangenheit enthalten***. Die statistischen Verfahren sollten aus diesem Grund nur dann zur Planung der Sollkosten herangezogen werden, wenn die Anwendung synthetischer Methoden nicht möglich oder z.B. wegen zu kleiner Kostenbeträge unwirtschaftlich ist.

7.4 Planungsbeispiele

Da die Vorgehensweisen bei der Kostenplanung, wie sicherlich deutlich geworden ist, sehr vielfältig sind, sollen weitere Planungsbeispiele die Kostenplanung erläutern:

Beispiel 13: Planung von Einzelmaterialkosten

1) Lt. Stückliste wird je Produkt „D34" eine Blechplatte mit den Abmessungen 6 cm × 5 cm, 2 mm stark, eingebaut.
   Netto-Planverbrauchsmenge also 30 cm².
2) Die Blechplatte „30 cm²" wird aus einer 1 m² großen Blechplatte herausgestanzt. Lt. Arbeitsablaufuntersuchung der Fertigung beträgt bei diesem Arbeitsvorgang der Anteil von Abfall und Ausschuß 10% der Nettomenge.
3) **Brutto-Planverbrauchsmenge** demnach 33 cm²
4) Kosten der 1 m² großen Blechplatte 100,– DM, d.h. 1 cm² kostet 0,01 DM.
   Plan-Einzelmaterialkosten pro Produkt:
   33 × 0,01 = 0,33 DM

   Geplante Produktionsmenge Produkt „D34" im Planmonat: 100 Stück
   Gesamte Plan-Einzelmaterialkosten im Planmonat:
   100 × 0,33 = 33,– DM (rein variable Kosten)

Beispiel 14: Planung von Einzellohnkosten:

Folgende Situation ist gegeben:
Auf der Kostenstelle „Bohrerei" werden im Rahmen einer Massenfertigung Gehäuse aufgebohrt. Als tatsächlich gebrauchte Arbeitszeit werden für den Gesamten Arbeitsvorgang im Durchschnitt 6 Minuten ermittelt. Der Zuschlag für die Verteilzeit beläuft sich auf 10%. Der geschätzte Leistungsgrad beträgt 120%, der Minutenfaktor 0,29 DM pro Minute.

Wieviel Einzellohnkosten sind zu planen, wenn 2.800 Gehäuse gebohrt werden sollen?

Rechengang:

Vorgabezeit: 6 Minuten × Leistungsgrad × Verteilzeit
= 6 × 1,2 × 1,1
= 7,92 Min./Gehäuse

Lohnkosten/Gehäuse: 7,92 × 0,29 = 2,2968 DM
Einzellohnkosten gesamt: 2.800 × 2,2968 = 6.431,– DM (rein variable Kosten).

Beispiel 15: Planung von Gemeinkostenmaterial

Untersuchungen auf der Kostenstelle „Montage" haben eine Proportionalität zwischen dem Verbrauch an Gemeinkostenmaterial (einschließlich Reparaturmaterial und Instandhaltungsmaterial) und der Bezugsgröße „produzierte Stückzahl" ergeben. Daher erfolgt die Planung der entsprechenden Kostenart nach der statistischen Methode in Form des **Hoch-Tiefpunkt-Verfahrens.**

Aus den Werten der vergangenen 12 Monate wurden 2 Wertepaare, bei denen ein großer Bezugsgrößenabstand gegeben ist, ausgewählt:

Stückzahl/Monat: $x_1 = 300$; Kosten/Monat: $y_1 = 1.000$,– DM
Stückzahl/Monat: $x_2 = 800$; Kosten/Monat: $y_2 = 2.500$,– DM

Steigung „d" = variable Stückkosten „k_v":

$$d = \frac{y_2 - y_1}{x_2 - x_1} = \frac{2.500 - 1.000}{800 - 300} = \frac{1.500}{500} \underline{\underline{3{,}00 \text{ DM/Stück}}}$$

Fixkosten: $K_f = y_1 - d\, x_1 = 1.000 - 3 \times 300$
$K_f = 1.000 - 900$
$\underline{\underline{K_f = 100,\text{– DM}}}$

Sollkostenfunktion: $K^{(s)} = 100 + 3\,x$

Geplante Beschäftigung im Monat Januar: 600 Stück

Plankosten/Gemeinkostenmaterial für Monat Januar:

$K^{(p)} = 100 + 3 \times 600 = 100 + 1.800 =$ **1.900,– DM**

Beispiel 16: Planung von Hilfslöhnen[97]

1. *Festlegung der Planbeschäftigung (Planbezugsgröße)*
   Die **Planbeschäftigung** des Kostenplatzes „Drehbank I", für den Hilfslöhne errechnet werden sollen, beträgt im Planmonat 900 Stück eines einheitlichen Produktes.

[97] Beispiel einer einstufigen synthetischen Gemeinkostenplanung

2. *Errechnung der Plankosten*

   Aus Erfahrungswerten wurde ermittelt, daß für die Planbeschäftigung von 900 Stück/Monat 20 Stunden Kontrollarbeiten und 60 Stunden Wartungs- und Reinigungsarbeiten pro Monat geplant werden müssen.

   Der **Plan-Lohnsatz** für alle anfallenden Arten von Hilfslöhnen beträgt einheitlich 20,– DM/Stunde.

   Höhe der Plankosten für Hilfslöhne:
   80 Stunden × 20,– DM/Stunde = **1.600,– DM**

3. *Durchführung der Kostenauflösung*

   Die Zahl der Kontrollstunden, die ein für den gesamten Bereich zuständiger Gütekontrolleur auf der Kostenstelle verbringt, ist absolut proportional zur Ausbringungsmenge (Beschäftigung der Kostenstelle).

   Die Wartungs- und Reinigungsarbeiten hingegen sind zum größen Teil von der Beschäftigung der Maschinen unabhängig, da diese auch bei geringer Auslastung eine intensive Wartung benötigen.

   Von den Wartungs- und Reinigungsarbeiten werden daher 2/3 als fix und 1/3 als proportional zur Beschäftigung angesetzt.

	20 Kontrollstunden
+	20 Wartungs- und Reinigungsstunden
=	40 Hilfslohnstunden/Monat verhalten sich proportional zur Beschäftigung
	40 Wartungs- und Reinigungsstunden verhalten sich fix zur Beschäftigung.

proportionale Kosten:	40 Stunden × 20,– DM/Std. =	800,– DM
fixe Kosten:	40 Stunden × 20,– DM/Std. =	800,– DM
		1.600,– DM

Damit ergibt sich auch gleichzeitig folgende **Sollkostenfunktion** für die Hilfslöhne:

$$K^{(s)} = K_f^{(p)} + \frac{K_v^{(p)}}{B^{(p)}} \times B^{(i)}$$

$$K^{(s)} = 800 + \frac{800}{900} \times B^{(i)}$$

$$K^{(s)} = 800 + 0{,}889\ B^{(i)}$$

$K_f^{(p)}$ = Plankosten, fix
$K_v^{(p)}$ = Plankosten, variabel
$B^{(p)}$ = Planbeschäftigung (Planbezugsgröße) in Stck
$B^{(i)}$ = Istbeschäftigung (Istbezugsgröße) in Stck

Beispiel 17: Planung von Energiekosten[98]

Die Energiekosten, wie z.B. Kosten für
- elektrische Energie,
- Wasser,
- Gas,
- Dampf,
- Druckluft usw.,

sind oft an Hand von Messungen, Berechnungen etc. exakt planbar. Sie lassen sich deshalb zum Teil direkt den Kostenträgern zuordnen. Aus wirtschaftlichen Gründen werden sie jedoch oft als Gemeinkosten verrechnet.

Im folgenden Beispiel sollen die Energiekosten für einen Glas-Schmelzofen geplant werden, der mit Erdgas beheizt wird.

Folgende Daten liegen der Rechnung zugrunde:
- Theoretischer Gasverbrauch pro t Glasschmelze: 24 m³
- Wärmeverluste des Glas-Schmelzofens durch Abstrahlung und Abgase: 20%
- maximale Ofenkapazität: 0,75 t Glasschmelze pro Stunde
- durchschnittliche Zahl der Werktage pro Monat: 21
- durchschnittliche Zahl der Tage insgesamt pro Monat: 30
- Zahl der Arbeitsstunden pro Werktag: 8
- Da der Ofen nie erkalten darf, muß er auch außerhalb der Arbeitszeit beheizt werden. Der dafür notwendige Gasverbrauch beträgt: 4 m³ pro Stunde
- Planpreis für den m³ Erdgas: 0,20 DM

Errechnet werden sollen die durchschnittlichen Energiekosten eines Monats für folgende Ausnutzungsgrade des Ofens im Einschichtbetrieb: 100%, 50%, 0%

Rechengang:
- theoretischer Gasverbrauch pro t Glasschmelze: 24 m³
- Wirkungsgrad des Ofens: 80%
- tatsächlicher Gasverbrauch pro t Glasschmelze: $\frac{24}{0{,}8} = 30\ m^3$
- tatsächlicher Gasverbrauch pro Schmelzstunde: $30\ m^3 \times 0{,}75 = 22{,}5\ m^3$
- durchschnittliche Zahl der **Schmelzstunden pro Monat** bei Einschichtbetrieb (Ausnutzungsgrad 100%): 21 Tage × 8 Std. = 168 Std.
- **Warmhaltestunden pro Monat** bei Ausnutzungsgrad 100%:
  21 Arbeitstage à 16 Std. = 336 Std.
  9 Sonnabende und Sonntage à 24 Std. = 216 Std.
  552 Std. insgesamt pro Monat
- Schmelzleistung 100%: 0,75 t/Std. × 8 Std./Tag × 21 Tage = 126 t/Monat

[98] Beispiel einer mehrstufigen synthetischen Gemeinkostenplanung

Beschäftigungsgrad (%)	100	50	0
Schmelzleistung (t)	126	63	0
Schmelzen (Std.)	168	84	0
Schmelzen (m^3)	3.780 [99]	1.890	0
Wärmen (Std.)	552	636	720
Wärmen (m^3)	2.204 [100]	2.544	2.880
Gesamt (Std.)	720	720	720
Gesamt (m^3)	5.988	4.434	2.880
Sollkosten pro Monat (DM)	1.197,60 [101]	886,80	576

Die Fixkosten (Beschäftigungsgrad 0%) sind im Vergleich zu den gesamten Sollkosten relativ hoch, weil der Ausnutzungsgrad des Ofens im 8-Stunden-Betrieb sehr niedrig ist (maximal 168 von 720 möglichen Stunden).

Beispiel 18: Planung von kalkulatorischen Abschreibungen[102]

Abschreibungen werden in der Praxis z.T. als rein fixe Kosten, z.T. als rein variable Kosten verrechnet. Eine Methode, die einen Teil der Abschreibungskosten als fix, einen Teil als variabel behandelt, ist die sog. „gebrochene Abschreibung". Sie legt als wesentliche Abschreibungsursachen ihrer Rechnung den Zeitverschleiß (fixer Kostenanteil) und den Gebrauchsverschleiß (variabler Kostenanteil) zugrunde. Die Planung der kalkulatorischen Abschreibung nach dieser Methode erfolgt in vier Schritten[103]:

1) Die Wiederbeschaffungskosten des abzuschreibenden Betriebsmittels müssen ermittelt werden.

2) Die Nutzungsdauer bei reinem Zeitverschleiß und bei reinem Gebrauchsverschleiß muß geschätzt werden.

   Die gesamte Leistung des abzuschreibenden Betriebsmittels muß ebenfalls geschätzt werden, und die zu erwartende Leistungsentnahme eines Jahres bzw. eines Monats muß geplant werden.

3) Errechnung der Höhe der jährlichen bzw. monatlichen Abschreibung bei reinem Zeit- und bei reinem Gebrauchsverschleiß, indem man die Wiederbeschaffungskosten auf die jeweilige Nutzungsdauer verteilt.

4) Subtraktion des niedrigeren Abschreibungsbetrages für Zeitverschleiß (fixer Betrag) vom höheren Abschreibungsbetrag für Gebrauchsverschleiß.

   Die Differenz ergibt den proportionalen Betrag der kalkulatorischen Abschreibung.

---

[99] 22,5 $m^3 \times 168$ Std.
[100] 4 $m^3 \times 552$ Std.
[101] 5.988$m^3 \times 0{,}20$ DM
[102] Beispiel einer einstufigen synthetischen Gemeinkostenplanung
[103] vgl. Haberstock, L.: Kostenrechnung II, S. 240 ff; Kube, V.: Die Grenzplankostenrechnung, Wiesbaden 1974, S. 105-109; Kilger, W.: Flexible Plankostenrechnung und ..., a.a.O., S. 401-405 (3. Auflage); Patterson, F.-K.: Die Ermittlung, a.a.O., S. 66-70

Folgende Daten liegen der Rechnung zugrunde:
- Wiederbeschaffungswert einer Maschine: 72.000,– DM
- maximale wirtschaftliche Lebensdauer aufgrund des technischen Fortschritts: 12 Jahre
- Da die Maschine bei Gebrauch einem sehr starken Verschleiß unterliegt, wird ihre maximale technische Lebensdauer auf 30.000 Arbeitsstunden geschätzt.
- Planbeschäftigung im Planjahr: 4.800 Stunden
- Istbeschäftigung der Maschine im Planmonat: 350 Stunden

Es sind die Jahres-Plankosten „$K^{(p)}$" und die Sollkosten „$K^{(s)}$" des Monats Mai zu errechnen.

Rechengang:
Folgende Formeln sind anzuwenden:

$$\text{Plankosten } K^{(p)}_{\text{Jahr}} = \underbrace{\frac{A}{n_Z}}_{\text{fixer Anteil}} + \underbrace{\frac{A}{\sum B^{(p)}} \times B^{(p)} - \frac{A}{n_Z}}_{\text{prop. Anteil}}$$

$$\text{Sollkosten } K^{(s)}_{\text{Monat}} = a_Z + (a_G - a_Z) \times \frac{B^{(i)}}{B^{(p)}}$$

$A =$ Ausgangswert auf Basis Wiederbeschaffungskosten
$n_Z =$ geschätzte Nutzungsdauer bei reinem Zeitverschleiß
$a_Z =$ Abschreibungsbetrag pro Periode bei reinem Zeitverschleiß
$a_G =$ Abschreibungsbetrag pro Periode bei reinem Gebrauchsverschleiß
$\sum B^{(p)} =$ gesamter Leistungsvorrat der Maschine in Arbeitsstunden
$B^{(p)} =$ geplante Leistungsentnahme in einer Periode
$B^{(i)} =$ tatsächliche Leistungsentnahme in einer Periode

$$K^{(p)}_{\text{Jahr}} = \frac{72.000}{12} + \frac{72.000}{30.000} \times 4.800 - \frac{72.000}{12}$$

$$= 6.000 + 11.520 - 6.000$$
$$= 6.000 + 5.520$$
$$= \underline{\underline{11.500}}$$ [104]

$$K^{(s)}_{\text{Monat}} = \frac{6.000}{12} + \frac{11.520 - 6.000}{12} \times \frac{350}{400}$$ [105]

$$= 500 + 402{,}50$$
$$= \underline{\underline{902{,}50}}$$

---

104 Die Gesamthöhe der Abschreibung ist immer gleich der Höhe bei reinem Gebrauchsverschleiß. In ihr ist der Abschreibungsbetrag bei reinem Zeitverschleiß als fixer Anteil enthalten.

105 4.800 Stunden : 12

7.5 Kostenpläne

Die Kostenpläne sind in ihrem Aufbau den im Rahmen der starren Plankostenrechnung behandelten gleich (vgl. Kapitel 6.5), nur daß sie eine andere Art der Darstellung der Plankosten haben.

Diese wiederum hängt davon ab, ob
a) eine Vollkostenrechnung vorliegt und mit Variator gerechnet wird,
b) eine Grenzkostenrechnung vorliegt, die die variablen und fixen Kostenbestandteile explizit ausweist,
c) Plankosten in Form von Stufenplänen ausgewiesen werden.

zu a) Kostenplan unter Verwendung von Variatoren:

Firmenname, Planbezeichnung					
Planperiode, Kostenstelle					
Nr.	Kostenarten[106]	Planmenge	Planpreis	Plankosten	Variator
	Fertigungslohn	2.000 Std.	15,–	30.000,–	10
	Hilfslohn	1.000 Std.	12,–	12.000,–	6
	Gehalt			5.000,–	0
	Sozialkosten/Fertigungslohn	30.000,–	20%	6.000,–	10
	Sozialkosten/Hilfslohn	12.000,–	20%	2.400,–	6
	Sozialkosten/Gehalt	5.000,–	15%	750,–	0
	Gemeinkostenmaterial			1.000,–	9,5
	Betriebsstoffe			500,–	10
	Reparaturen	20 Std	20,–	400,–	9
	Ersatzteile			200,–	10
	Werkzeuge			300,–	10
	Energiekosten	3.000 kwh	0,20	600,–	9,2
	Abschreibungen			950,–	8,4
			Summe	60.100,–	
Unterschrift (Kostenstellenleiter)			Bezugsgröße (Masch.-Std)	2.500	
Datum			Plankalk.-satz (DM/Masch.-Std)	24,04	

[106] vgl. Kostenplan Kapitel 6.5

zu b) Kostenplan mit jeweiligem Ausweis der variablen und fixen Kosten:

Firmenname, Planbezeichnung						
Planperiode, Kostenstelle						
Nr.	Kostenarten	Planmenge	Planpreis	Plankosten variabel	fix	gesamt
	Fertigungslohn	2.000 Std	15,–	30.000,–	–	30.000,–
	Hilfslohn	1.000 Std	12,–	7.200,–	4.800	12.000,–
	Gehalt[107]			–	5.000	5.000,–
	Sozialkosten/Lohn	42.000,–	20%	7.440,–	960	8.400,–
	Sozialkosten/Gehalt	5.000,–	15%	–	750	750,–
	Gemeinkostenmaterial			950	50	1.000,–
	Betriebsstoffe			500	–	500,–
	Reparaturen	20 Std	20,–	360	40	400,–
	Ersatzteile			200	–	200,–
	Werkzeuge			300	–	300,–
	Energiekosten	3.000 kWh	0,20	550	50	600
	Abschreibungen			800	150	950
			Summe	48.300	11.800	60.100
Unterschrift/Kostenstellenleiter			Bezugsgröße (Masch.-Std)	2.500		
Datum			Plankalk.-satz (DM/Masch.-Std)	19,32[108]		

[107] Planmengen und Planpreise fehlen bei den Kostenarten, die nicht Menge × Preis geplant werden können

[108] Es handelt sich um eine Grenzplankostenrechnung

zu c) Kostenplan in Form eines Stufenplanes:[109]

Firmenname, Planbezeichnung						
Planperiode, Kostenstelle						
		Beschäftigungsgrad 80%	90%	100%	110%	120%
Nr.	Kostenarten	Maschinenstunden 2.000	2.250	2.500	2.750	3.000
	Fertigungslohn	24.000	27.000	30.000	33.000	36.000
	Hilfslohn	10.560	11.280	12.000	12.720	13.440
	Gehalt	5.000	5.000	5.000	5.000	5.000
	Sozialkosten/Lohn	6.912	7.656	8.400	9.144	9.888
	Sozialkosten/Gehalt	750	750	750	750	750
	Gemeinkostenmaterial	810	905	1.000	1.095	1.190
	Betriebsstoffe	400	450	500	550	600
	Reparaturen	328	364	400	436	472
	Ersatzteile	160	180	200	220	240
	Werkzeuge	240	270	300	330	360
	Energiekosten	490	545	600	655	710
	Abschreibungen	790	870	950	1.030	1.110
	Summe	50.440	55.270	60.100	64.930	69.760
	Plankalk.-Satz (DM/Masch.-Std)	25,22	24,56	24,04	23,61	23,25

[109] Es handelt sich bei dem Beispiel um eine flexible Plankostenrechnung auf Vollkostenbasis

8. Die Durchführung der Kostenplanung

8.1 Personelle und psychologische Voraussetzungen für die Kostenplanung[110]

Aufbau und Durchführung der Plankostenrechnung erfordern Mitarbeiter, die sowohl

wirtschaftliche als auch
technisch-naturwissenschaftliche

Kenntnisse haben, oder es muß eine enge Zusammenarbeit zwischen Kaufleuten und Technikern bestehen. Anders sind Kostenplanungsprobleme oft nicht zu lösen, da sie in vielen Fällen die Kenntnisse komplizierter technischer Zusammenhänge erfordern.

Unerläßlich ist ferner eine *enge Zusammenarbeit* zwischen der für die Kostenplanung verantwortlichen Abteilung und den jeweiligen Kostenstellenleitern. „Zum einen ist für eine wirksame Kostenkontrolle die Überzeugung der Kostenstellenleiter von der **Angemessenheit und Erreichbarkeit der Sollkosten**, für die sie verantwortlich sind, eine wichtige psychologische Voraussetzung.

Zum anderen wird man bei der Planungs- und Auswertungsarbeit auf die **spezifischen Kenntnisse**, über die Abteilungsleiter und Meister gerade in ihrem Verantwortungsbereich verfügen, nicht verzichten können. Allerdings muß der Kostenplaner verhindern, daß die Vorgabewerte mit den Kostenstellenleitern *ausgehandelt* werden, die sich auf diese Weise Kostenreserven sichern könnten."

„Ganz besondere Aufmerksamkeit ist *personellen und psychologischen Fragen* bei der **Neueinführung einer Plankostenrechnung** zu widmen. Zunächst muß unter Abwägung aller Vor- und Nachteile entschieden werden, ob man die Neueinführung *mit Hilfe betriebseigenen Personals anstrebt oder ob man damit externe Betriebsberater beauftragen* soll."

Für externe Berater spricht
- die relativ hohe Zahl an Fachkräften, die zwar für eine Neueinführung benötigt werden, nicht mehr jedoch für den späteren Betrieb einer Plankostenrechnung.
- Sodann verfügen externe Berater gewöhnlich über große Erfahrungen beim Aufbau eines Plankostenrechnungssystems.

Gegen externe Berater spricht
- die Gefahr, daß diese ihr „Standardsystem" einführen wollen und dabei – auch aus Zeitgründen – zu wenig auf die betriebsindividuelle Situation eingehen.

---

110 vgl. zu diesem Kapitel insbes. Haberstock, L.: Kostenrechnung II, a.a.O. S. 107 ff

- Ferner kennen sie meist das Unternehmen nicht so gut wie die eigenen Mitarbeiter und finden daher auch aus diesem Grunde nicht immer die optimalsten Lösungen.

„Gleichzeitig mit den Planungsarbeiten ist mit einer intensiven **innerbetrieblichen Ausbildung** auf dem Gebiet der Plankostenrechnung zu beginnen. Ziel dieser Schulung ist die ***Unterstützung des neuen Kostenrechnungssystems durch alle beteiligten Mitarbeiter***. So sind z.B. jene Mitarbeiter genau zu unterweisen, die später mit der abrechnungstechnischen Verarbeitung des Zahlenmaterials beauftragt werden. Vielfach sind bestimmte Arbeitnehmergruppen und auch der Betriebsrat davon zu überzeugen, daß es sich bei der Plankostenrechnung *nicht um ein verstecktes Verfahren zur Herabsetzung der Akkorde* handelt. Den Kostenstellenleitern ist zu verdeutlichen, daß nicht eine Kontrolle ihrer Person angestrebt wird, sondern daß sie ein Instrument erhalten werden, mit dem sie für eine ***optimale Leistung innerhalb ihres Verantwortungsbereiches*** sorgen können."

„Von großer psychologischer Bedeutung für die Wirksamkeit einer Plankostenrechnung ist schließlich der zugrunde gelegte **Anspannungsgrad** bei den Kostenvorgaben. Hierunter versteht man den Grad der Anstrengung, der zum Erreichen der Sollkosten erforderlich ist."

„Es ist leicht einzusehen, daß sehr niedrige Anspannungsgrade dem Ziel der Wirtschaftlichkeitsverbesserung widersprechen. Ähnliches gilt allerdings auch für sehr hohe Anspannungsgrade." Sie führen zur Vorgabe von Kosten, die immer überschritten werden und daher nicht mehr als Vorgabe akzeptiert werden.

Daher ist es sinnvoll, einen **„normalen" Anspannungsgrad** zugrunde zu legen, der ohne Überbeanspruchung der Arbeitskräfte und technischen Einrichtungen bei zumutbarer Anstrengung auf lange Sicht eingehalten werden kann.

Insbesondere bei der erstmaligen Durchführung der Planungsarbeiten im Unternehmen ist mit einer Reihe von besonderen Hindernissen zu rechnen. Sie bestehen nicht nur darin, daß plötzlich ganz **firmenspezifische Probleme** bei der Lösung von Detailfragen auftauchen, sondern sie ergeben sich auch aus einer gewissen ***Abwehrreaktion der Mitarbeiter***, auf die neue Arbeiten zukommen, deren Nutzen sie zunächst nicht erkennen (wollen) und durch die sie sich zudem einer stärkeren Kontrolle unterworfen glauben.

Diese Reaktion reicht von einer bewußt oder unbewußt verzögernden Mitarbeit bis hin zur Ablehnung der Mitarbeit mit den Worten: „Das können wir nicht!" Hier kann natürlich mit entsprechenden Anweisungen seitens der Unternehmensleitung gearbeitet werden. Noch besser ist es aber, wenn es demjenigen, der für die Planungsarbeiten verantwortlich ist, gelingt, die **Mitarbeiter von der Notwendigkeit einer aussagefähigen Plankostenrechnung zu überzeugen**.

In diesem Falle wird die Mitarbeit der Betroffenen wesentlich effektiver, da sie auch von **sich aus wichtige Erkenntnisse im Rahmen der Planungsarbeiten beisteuern** werden, worum sie sich aber im Falle des reinen „Dienstes nach Anweisung" weniger bemühen werden.

Hieraus kann man für die Arbeit des Unternehmens merkliche Vorteile ziehen, die in Mark und Pfennig nicht ohne weiteres sichtbar werden, aber auf jeden Fall positive Auswirkungen haben.

8.2 Die Aufgaben der hauptamtlichen Planungsmitarbeiter

Wie alles im Unternehmen, so soll auch die Planung mit möglichst wenig Aufwand erstellt werden, d.h. also möglichst wenig kosten. Die *Zahl derjenigen Mitarbeiter*, die sich hauptamtlich mit Planungsarbeiten befassen, ist erstens abhängig von der ***Größe des Unternehmens*** und zweitens von dem durch den ***Planungsumfang bestimmten Arbeitsvolumen***. Sie wird immer auf das äußerste begrenzt sein. Dies ist richtig so, denn Planungsarbeiten sollen nicht nur diejenigen machen, die damit hauptamtlich betraut sind. Im Gegenteil, der Hauptteil der eigentlichen Planungsarbeiten muß von denjenigen Mitarbeitern erledigt werden, die auch für die ***Kostenentstehung bzw. Umsatzerreichung verantwortlich*** sind, also z.B. von den Kostenstellenleitern aller Bereiche. Diese kennen sich im Detail am besten aus und werden die Verantwortung für Planzahlen nur dann akzeptieren, wenn sie diese Zahlen auch selbst erstellt haben.

Die Arbeit der **hauptamtlichen Planungsmitarbeiter** sollte sich darauf beschränken,

- das **Planungssystem,**
- den **Planungsablauf** und
- die entsprechenden **Terminpläne** festzulegen,

die Planungsarbeiten
- zu **kontrollieren,**
- zu **koordinieren** und
- den Planenden mit **Rat und Tat** zur Seite zu stehen.

Sie selbst planen die zentral zu planenden Kostenarten (vgl. Kapitel 6.3).

Außerdem haben sie die Planungen der einzelnen Stellen zum Gesamt-Planungssystem des Unternehmens
- zusammenzufügen,
- der Unternehmensleitung vorzulegen und
- eventuelle Überarbeitungen zu veranlassen.

Diese hauptamtlich mit Planungsarbeiten beschäftigten Mitarbeiter können z.B. einer Stabsstelle „Betriebswirtschaft" angehören, deren Leiter dann auch der Verantwortliche für die Planungsarbeiten, der Planungschef, wäre.

Es ist wichtig, diese Stelle mit Kompetenzen auszustatten, um dem Verantwortlichen die Arbeit zu erleichtern und sie effektiver zu machen. Der Planungschef muß eine Person sein, die im Unternehmen Vertrauen und Anerkennung besitzt.

Nur so wird er sich durchsetzen und die Planungsarbeiten erfolgreich durchführen können.

Der Einsatz einer elektronischen Datenverarbeitungsanlage im Rahmen der Planungsarbeiten und der späteren Soll-Ist-Kontrolle ist heutzutage selbstverständlich. Hier ist eine ***besonders enge Zusammenarbeit zwischen dem für die Planungsarbeiten Verantwortlichen und dem Leiter des Datenverarbeitungsbereiches*** notwendig.

Insbesondere ist der für die entsprechenden Programmierungsarbeiten notwendige Zeitaufwand zu berücksichtigen. Außerdem ergeben sich oft Terminprobleme, sofern die Datenverarbeitungsanlage bereits weitgehend mit termingebundenen Arbeiten ausgelastet ist.

Bei der erstmaligen Einführung eines Planungssystems ist außerdem zu erwägen, ob man sich nicht im ersten Planungsjahr mit einem *bescheideneren Planungssystem begnügt,* da in der Regel erst einmal firmenspezifische Erfahrungen gesammelt werden müssen und besonders viel improvisiert und geändert werden muß.

Bei Einführung einer Plankostenrechnung in einem Großunternehmen unter Einschaltung der elektronischen Datenverarbeitungsanlage muß man unter Umständen mit einer *Einführungszeit von bis zu 3 Jahren* rechnen, sofern „auf der grünen Wiese" begonnen werden muß, also noch nichts für die Plankostenrechnung Brauchbares vorliegt.

8.3 Der Ablauf der Planung

Bevor mit den detaillierten Planungsarbeiten begonnen wird, ist ein ***Plan für die Erstellung der Planung*** auszuarbeiten.

Er zwingt zu
- einem exakten Durchdenken der einzelnen Planungsschritte,
- verhindert das Übersehen wichtiger Planungsbestandteile bzw. Planungsphasen,
- gibt einen Überblick über die für die Planung benötigte Zeit und
- erleichtert die termingerechte Beendigung der Planungsarbeiten.

Wenn er auch durchaus nicht in Form eines Netzplanes erstellt werden muß, so stellt er doch etwas ähnliches dar, da die tätig werdenden Stellen, Termine und Bearbeitungsschritte in ihrem logischen Ineinandergreifen dargestellt werden müssen.

Der **Terminplan für die Planungsarbeiten** hat in seiner einfachsten Form folgende Gliederung:

In der ersten Spalte stehen die einzelnen **Planungsphasen,** z.B. die Auftragseingangsplanung, Produktionsplanung usw.

Die zweite Spalte enthält die **ausführenden** bzw. **verantwortlichen Stellen** für die einzelnen Planungsphasen.

In der dritten Spalte steht zweckmäßigerweise die **Dauer der Planungsphasen**, um die für diese Arbeiten zur Verfügung stehende Zeitspanne klar vor Augen zu haben.

Der restliche Teil des Blattes schließlich sollte in irgendeiner Form den **zeitlichen Ablauf der Planungsarbeiten** während der zur Verfügung stehenden Wochen und Monate graphisch darstellen, um die Planungsarbeiten in ihrem zeitlichen Ablauf besser überblicken und kontrollieren zu können.

Der Terminplan für die Planungsarbeiten ist also wie folgt aufgebaut:

Firma	Terminplan/Planung							Datum
Planungs-phasen	ausführende bzw. verant.-wortl. Stelle	Dauer der Planungs-phase	Juli	Aug.	Sept.	Okt.	Nov.	Dez.
AE-Planung	Vertrieb	4 Wochen	├──┤					
. . .								
Produktions-planung	Fertigung	3 Wochen		├──┤				
. .								
Kosten-stellen-budgets	alle Kosten-stellenleiter	2 Wochen		├──┤				
.				├──	──┤			
. . . .					├──	──┤		
Planungs-zusammen-stellung	Betriebs-wirtschaft	2 Wochen					├┤	
.								
Über-arbeitung der Pläne	alle Plan-ersteller	3 Wochen					├──	┤
. . . . .								
Verab-schiedung der Planung	Unterneh-mensleitung	31.12.						

Die gesamte Dauer der laufenden, direkten Planungsarbeiten ist abhängig von der **Größe des Unternehmens**, der mit diesen Arbeiten betrauten **Personenzahl** und dem **Grad der Ausführlichkeit** der Planung. Je größer das Unternehmen ist, je ausführlicher und je umfangreicher die Planung, desto mehr Zeit wird benötigt. Je größer die für die Planungsarbeiten eingesetzte Personenzahl ist, desto schneller können diese Arbeiten erledigt sein.

Die für die direkten Planungsarbeiten benötigte Zeit liegt im *Durchschnitt zwischen drei und sechs Monaten,* wobei drei Monate erfahrungsgemäß die absolute Untergrenze sind, wenn auch nur einigermaßen gründlich geplant wird.

Auf der anderen Seite muß die mit Planungsarbeiten betraute Mitarbeiterzahl mindestens so groß gehalten werden, daß auch die *detaillierteste Jahresplanung innerhalb von sechs Monaten abgeschlossen* werden kann. Im anderen Falle besteht die Gefahr, daß die Realität zu stark von den Planungsprämissen abweicht und die Planung in ihrem Wert erheblich gemindert wird.

8.4 Die Frage der Planreserven

Jeder, der für Kosten verantwortlich ist, sie plant, aber nicht mit hundertprozentiger Sicherheit garantieren kann, daß sie nicht überschritten werden, ist natürlich geneigt, bei seinen Planungen „auf die sichere Seite zu gehen".

Dies geschieht in der Weise, daß bei Planwerten, die sich nicht auf die Mark genau „ausmultiplizieren", sondern einen gewissen Bewertungsspielraum lassen, was häufig der Fall ist, dieser Spielraum so ausgenutzt wird, daß sich etwas höhere Planwerte als wahrscheinlich ergeben.

Für die federführende und koordinierende zentrale Planungsstelle ist es nicht immer einfach, diese versteckten *„Planungsreserven"* zu erkennen, da diese nicht offen zu Tage treten und viel Detailwissen dazu gehört, sie zu ermitteln. Daher ist von Anfang an darauf hinzuwirken, daß bei Planungen von den Kostenstellenleitern ***keine stillen Reserven*** gebildet werden. Reserven sind zwar auch in eine Planung durchaus nicht fehl am Platze, jedoch nicht verborgen auf den einzelnen Kostenstellen, sondern ***offen auf einer oder einigen Kostenstellen***. Auf der einen Seite werden die Reserven sonst viel zu hoch und bringen *Unstimmigkeiten* in das Planungssystem. Man stellt z.B. mit Erstaunen fest, daß der Kostenanfall gegenüber dem Umsatz überproportional zunimmt und findet erst nach mühevoller Detailarbeit heraus, daß dies im wesentlichen an den „stillen Reserven" der einzelnen Planer liegt.

Auf der anderen Seite hat bei dieser Art der Reservenlegung ***niemand einen Überblick über die Gesamthöhe der Reserven***, eine ebenfalls unmögliche Situation. Ein Unternehmen kann in diesem Fall weniger wirkungsvoll gesteuert und der Kostenanfall weniger wirkungsvoll kontrolliert werden.

Aus diesem Grund ist ***neben der Kontrolle der Planwerte ein vertrauensvolles Klima*** zwischen planenden und die Planung kontrollierenden Stellen des Unternehmens wichtig. Nur in einer Atmosphäre des Vertrauens wird der Planende nicht nur Verständnis für dieses Vorgehen haben, sondern er wird sich bei seiner planerischen Arbeit auch danach richten, da er weiß, daß er nicht für jede Planüberschreitung kritisiert wird. **Wer knapp plant, dem müssen gelegentlich Planüberschreitungen zugestanden werden**.

8.5 Planungsformulare

Die Kosten können manuell auf Planungsblättern geplant und kontrolliert werden oder maschinell mittels entsprechender EDV-Listen, wobei die Planwerte natürlich auch zunächst einmal zum großen Teil manuell erstellt und in vorbereitete Formblätter eingetragen werden müssen.

Für die Kostenplanung verwendet man zweckmäßigerweise ein **Arbeitsblatt,** auf dem im Kopf Raum für die Kostenstellenbezeichnung, die Kostenstellennummer, die Planperiode, das Datum und den Genehmigungsvermerk vorgesehen ist.

In der ersten Spalte stehen dann die zu planenden Kostenarten, in den Folgespalten die einzelnen zu planenden Monate. In weiteren Spalten sollten zu Kontrollzwecken noch Istwerte des laufenden Jahres oder des Vorjahres stehen, eventuell ergänzt durch die damaligen Planwerte und die entsprechenden Soll-Ist-Abweichungen. Im unteren Teil des Blattes sollte noch Raum für Erläuterungen vorgesehen sein.

Nach Abschluß und Genehmigung der Kostenplanung wird der Kostenplan, so wie in Kapitel 6.5 und 7.5 beschrieben, erstellt und den Verantwortlichen zur Kontrolle zugeschickt.

Vor Beginn der Planungsarbeiten müssen ***detaillierte Richtlinien für die Planungsarbeiten*** den Planenden zur Verfügung gestellt werden. Diese Richtlinien stellen gleichzeitig auch ***Planungshilfen*** dar, indem sie erläutern, wie in komplizierten Fällen die Planung vor sich zu gehen hat. Den Planungsrichtlinien liegen dann auch die ***Planungsformulare*** und sonstige eventuell notwendige ***Planungsunterlagen,*** soweit sie von der für die Planung verantwortlichen Abteilung zu stellen sind, bei.

Bei der Einschaltung der elektronischen Datenverarbeitungsanlage ist bei den ausgedruckten Arbeitsblättern darauf zu achten, daß ***genügend Platz für die manuelle Eintragung von Planzahlen*** verbleibt. Eine Reihe von Rechenarbeiten im Rahmen der Planung kann außerdem den Kostenstellenleitern von der EDV-Anlage abgenommen werden, wie z.B. die Berücksichtigung der kommenden Lohn- und Gehaltserhöhungen oder die Errechnung der gesetzlichen sozialen Aufwendungen.

Kostenplanung (Arbeitsblatt)

Firma	KST-Nr.	KST-Bezeichnung	KST-Leiter	Planperiode	Datum	Zeichen

Kostenarten	Jan.	Febr.	usw.	Jahr	Laufendes Jahr kumuliert Soll	Ist	Abw.	Anmerkung
Summe								
Bemerkungen								

Schaubild 24: Aufbau des Arbeitsblattes „Kostenplanung".

9. Die Kontrolle der Kosten und der Leistung

Zur Planung der Kosten gehört ebenfalls ihre Kontrolle. Wenn auch bereits durch die Kostenplanung gleichsam automatisch eine merkliche Verbesserung der Wirtschaftlichkeit des Unternehmens erreicht wird, indem das ***ständige Durchdenken der Arbeitsabläufe Schwachstellen aufdeckt***, so darf nicht vergessen werden, inwieweit die Realität der Planung entspricht.

> **Es sind immer die Istkosten – nicht die Plankosten – die über Erfolg oder Mißerfolg der betrieblichen Tätigkeit entscheiden.**

Deshalb ist die Kostenkontrolle genauso wichtig wie die Kostenplanung, wobei die Kostenkontrolle nicht nur die Höhe der Abweichung zwischen geplanten und tatsächlich angefallenen Kosten ermittelt, sondern auch deren *Ursache*. Die **Ursachenermittlung** ist wiederum Ausgangspunkt für die weiteren Verbesserungen der Wirtschaftlichkeit der Arbeitsabläufe im Unternehmen.

9.1 Grundlagen der Kostenkontrolle

Die Wirtschaftlichkeit wird also in der Plankostenrechnung durch einen ***Soll-Ist-Vergleich*** kontrolliert. Innerhalb dieses Vergleiches werden den tatsächlich entstandenen Kosten der Istbeschäftigung die geplanten Sollkosten der Istbeschäftigung gegenübergestellt.

Es gibt zwei Arten der Durchfürhung des Soll-Ist-Vergleiches (siehe auch Kapitel 1.2):

1) partieller Soll-Ist-Vergleich
2) geschlossener Soll-Ist-Vergleich

zu 1) Kennzeichen des partiellen Soll-Ist-Vergleiches ist es, daß dieser nur für bestimmte, wichtige Kostenarten (z.B. Personalkosten, Materialkosten) monatlich durchgeführt wird. Dadurch ist der partielle Soll-Ist-Vergleich ***wesentlich schneller durchführbar*** als der geschlossene. Er hat aber den Nachteil, daß ***keine systematische Kontrolle aller Kostenarten*** erfolgt. Aus diesem Grund wird er in der Praxis nur selten eingesetzt.

zu 2) Beim geschlossenen Soll-Ist-Vergleich werden für alle Kostenarten auf allen Kostenstellen die Abweichungen ermittelt. Er ist zwar wesentlich arbeitsaufwendiger, ist aber **der einzige Weg, eine systematische, lückenlose Kostenkontrolle durchzuführen**. Eine gute Unternehmensplanung kann ohne ihn nicht auskommen. Aus diesem Grund wird der *geschlossene Soll-Ist-Vergleich den folgenden Ausführungen zugrunde gelegt.*

Nur in wenigen Ausnahmefällen stimmen die Istkosten mit den Sollkosten überein. In der Regel kommt es zu einer Differenz zwischen Ist- und Sollkosten. Diese Differenz bezeichnet man als **Gesamtabweichung.** Sie beruht nur selten allein auf einem einzigen Kostenbestimmungsfaktor. In der Regel verursachen mehrere Kostenbestimmungsfaktoren die Gesamtabweichung. Aus diesem Grund ist es das *theoretische Ziel der Kostenkontrolle*, die Gesamtabweichung in so viele **Teilabweichungen aufzuspalten**, wie Kostenbestimmungsfaktoren an der Gesamtabweichung beteiligt waren. Dies ist jedoch aus wirtschaftlichen und praktischen Gründen oft nicht durchführbar[111]. Deshalb werden ***lediglich für die wichtigsten Kostenbestimmungsfaktoren Teilabweichungen errechnet.***

Vor der eigentlichen Kostenkontrolle muß der Kostenbestimmungsfaktor „Faktorpreis" abgespalten werden, weil zum einen die Kostenstellenleiter (und weitgehend auch das Unternehmen selbst) ***für Marktpreisschwankungen nicht verantwortlich*** sind, sie nicht beeinflussen können.

Zum anderen erreicht man auf diese Weise, daß ***jede Kostenänderung immer nur eine Mengenänderung sein kann***, für die im Unternehmen selbst die Verantwortung zu tragen ist. Deshalb werden auch die tatsächlich verbrauchten Mengen, die Istmengen, zu Planpreisen bewertet:

Istkosten (Istkostenrechnung):
Istmenge × Istpreis

„Istkosten" (Plankostenrechnung):
Istmenge × Planpreis

} Preisabweichung

Die Differenz zwischen den Istkosten der Istkostenrechnung und den Istkosten der Plankostenrechnung wird **Preisabweichung** genannt. Die Preisabweichung kann selbstverständlich nur für die Kostenarten ermittelt werden, für die Planpreise gebildet worden sind. Innerhalb der übrigen Kostenarten schlagen sich Marktpreisschwankungen in voller Höhe in der Gesamtabweichung nieder, da die Preisabweichung nicht abgespaltet werden kann. Dadurch wird die Kostenkontrolle erschwert, was aber in Kauf genommen werden muß[112].

Weicht die Istbeschäftigung von der Planbeschäftigung ab, dann sind die Istkosten nicht mehr mit den Plankosten vergleichbar. Deshalb werden, wie bereits behandelt, die Plankosten der Planbeschäftigung auf die Istbeschäftigung umge-

---

[111] vgl. die Ausführungen zu den Kostenbestimmungsfaktoren in Kapitel 4, die besagen, daß sich viele Kostenbestimmungsfaktoren (noch) einer exakten Errechnung ihrer Auswirkungen entziehen.

[112] vgl. Agthe, K.: Die Abweichungen in der Plankostenrechnung, ihre Ermittlung, Analyse und Verrechnung, Diss., Freiburg 1958, S. 25 ff; Ahlert, D.; Franz, K.-P.: a.a.O., S. 210 ff; Däumler, K.-D.; Grabe, J.: a.a.O., S. 142 f; Haberstock, L.: a.a.O., S. 261 ff; Vormbaum, H.; Rautenberg, H.-G.: a.a.O., S. 230 ff

rechnet. Die auf diese Weise ermittelten Kosten werden **Sollkosten** genannt. Die Differenz zwischen den Plankosten bei Planbeschäftigung und den Sollkosten bei Istbeschäftigung hat *keinen Namen*, da sie normalerweise innerhalb der Kostenkontrolle nicht separat ermittelt wird, sondern man sofort von den Sollkosten der Istbeschäftigung ausgeht.

Die Differenz zwischen den Sollkosten und den Istkosten (der Plankostenrechnung), die, wie erwähnt, im Unterschied zur Preisabweichung stets eine **Mengenabweichung** ist, wird **globale Verbrauchsabweichung** genannt:

Istkosten (Plankostenrechnung):
Planpreise × Istmenge
Sollkosten:
Planpreise × Sollmenge
} globale Verbrauchsabweichung

Die Ursache der globalen Verbrauchsabweichung kann in allen Kostenbestimmungsfaktoren, mit Ausnahme des Faktorpreises und der Beschäftigung, liegen, da eine im Vergleich zur geplanten Beschäftigung unterschiedliche Istbeschäftigung durch die Errechnung von Sollkosten berücksichtigt worden ist.

Diese Zusammenhänge können wie folgt grafisch dargestellt werden:

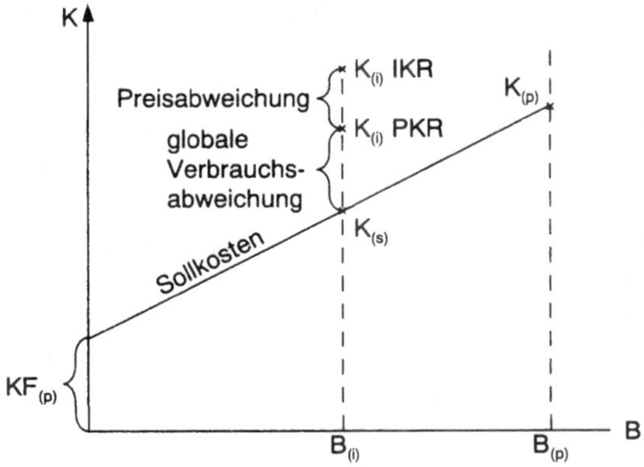

K = Kosten
K(p) = Plankosten
B = Beschäftigung
K(s) = Sollkosten bei Istbeschäftigung
K(i) = PKR = Istkosten der Plankostenrechnung
K(i) = IKR = Istkosten der Istkostenrechnung
KF(p) = geplante Fixkosten
B(i) = Istbeschäftigung
B(p) = Planbeschäftigung

Schaubild 25: Abweichungen innerhalb der flexiblen Plankostenrechnung.

Die **globale Verbrauchsabweichung** wird nun ***in so viele Teilabweichungen aufgespalten, wie Kostenbestimmungsfaktoren „rechenbar" gemacht werden*** *können* bzw. aus wirtschaftlichen Gründen rechenbar gemacht werden sollen. Diese Teilabweichungen nennt man **Spezialabweichungen.**

In der Regel kann die globale Verbrauchsabweichung nicht völlig in Teilabweichungen aufgespalten werden. Es bleibt dann ein Restbetrag übrig, der nicht weiter analysiert wird. Dieser Restbetrag wird **Restabweichung** oder **echte Verbrauchsabweichung** genannt, als Ausdruck des Kostenbestimmungsfaktors „innerbetriebliche Unwirtschaftlichkeit", dessen Ursachen noch nicht erkannt worden sind.

Dieser Kostenbestimmungsfaktor ist in der Praxis allerdings eine Bezeichnung für die Summe der Auswirkungen sämtlicher nicht rechenbar gemachten Kostenbestimmungsfaktoren.

Mit der Ermittlung der globalen Verbrauchsabweichung beginnt der eigentliche Soll-Ist-Vergleich.

Die Sollkosten enthalten mit Ausnahme der Beschäftigung alle Kostenbestimmungsfaktoren mit ihren geplanten Werten. Werden keine weiteren Kostenbestimmungsfaktoren beachtet, so liegt eine ***einfach flexible Plankostenrechnung*** vor, da nur die Auswirkungen der Veränderungen des Kostenbestimmungsfaktors „Beschäftigung" berücksichtigt worden sind. Alle übrigen Kostenbestimmungsfaktoren bleiben mit ihren Planwerten bestehen.
Wird ein weiterer Kostenbestimmungsfaktor berücksichtigt, *so müssen neue Sollkosten* (Sollkosten 2) *errechnet werden*, welche die veränderten Auswirkungen dieses Kostenbestimmungsfaktors gegenüber der ursprünglichen Planung beinhalten. Die Differenz zwischen den beiden Sollkosten ist die **Spezialabweichung 1**. Auf diese Weise erhält man eine ***zweifach flexible Plankostenrechnung***.

Wird noch ein weiterer Kostenbestimmungsfaktor berücksichtigt, so werden wiederum neue Sollkosten (Sollkosten 3) ermittelt. Die Differenz zwischen Sollkosten 2 und 3 ist die **Spezialabweichung 2**.

Je mehr Kostenbestimmungsfaktoren auf diese Weise in den Soll-Ist-Vergleich einbezogen werden, desto genauer wird die Kostenkontrolle, da die Restabweichung immer geringer wird und damit der ungeklärte Kostenbestimmungsfaktor „innerbetriebliche Unwirtschaftlichkeit" immer weiter eingegrenzt werden kann.

Würde man alle Kostenbestimmungsfaktoren berücksichtigen, so läge eine ***voll flexible Plankostenrechnung*** vor, die jedoch aus den bereits genannten Gründen in der Praxis nicht durchführbar ist.

Die erwähnten Zusammenhänge können wie folgt dargestellt werden (Schaubild 26)[113].

Beispiel 19: Errechnung von Spezialabweichungen
Folgende Daten sind gegeben:
- Plankosten (gesamt): K(p) = 100.000,– DM
- Plankosten (fix): KF(p) = 40.000,– DM
- Planbeschäftigung: B(p) = 2.000 Maschinenstunden
- Istbeschäftigung: B(i) = 1.500 Maschinenstunden

---

[113] in Anlehnung an Haberstock, L.: a.a.O., S. 260 ff

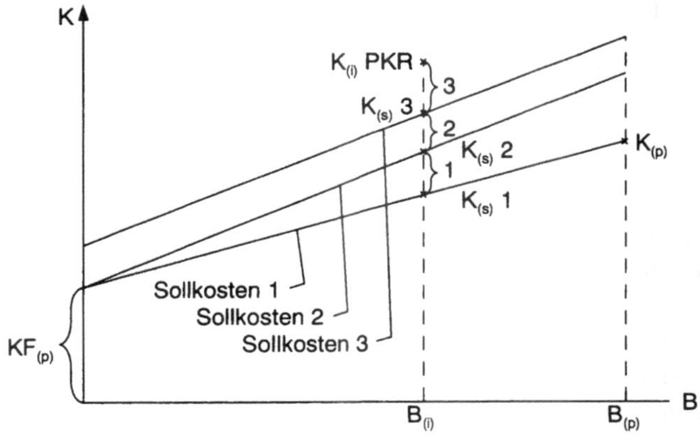

K = Kosten
K(p) = Plankosten
B = Beschäftigung
K(s)1 = Sollkosten 1 bei Istbeschäftigung $B_{(i)}$
K(s)2 = Sollkosten 2 bei Istbeschäftigung $B_{(i)}$
K(S)3 = Sollkosten 3 bei Istbeschäftigung $B_{(i)}$
K(i)PKR = Istkosten der Plankostenrechnung
1, 2 = Spezialabweichung 1 und 2
3 = Restabweichung (echte Verbrauchsabweichung)

KF(p) = geplante Fixkosten
B(p) = Planbeschäftigung
B(I) = Istbeschäftigung

Schaubild 26: Spezialabweichungen

- Istkosten: K(i) PKR = 90.000,– DM
- Rechenbar gemacht werden können neben dem Kostenbestimmungsfaktor „Beschäftigung" die Kostenbestimmungsfaktoren „Auftragszusammensetzung" und „Kapazität".

Rechengang:

1) Errechnung der Sollkosten 1 für die Istbeschäftigung: K(s)1

Variable Plankosten: $\underline{\underline{KV(p)}} = K(p) - KF(p)$
$= 100.000 - 40.000$
$\underline{\underline{= 60.000,-}}$

Variable Plankosten pro Bezugsgrößeneinheit:

$$\underline{\underline{kV(p) =}} \frac{KV(p)}{B(p)} = \frac{60.000}{2.000} \underline{\underline{= 30,- \text{ DM/Masch.-Std.}}}$$

$\underline{\underline{\text{Sollkosten } K(s)1}} = KF(p) + kV(p) \times B(i)$
$= 40.000 + 30 \times 1.500$
$\underline{\underline{= 85.000,- \text{ DM}}}$

2) Errechnung der globalen Verbrauchsabweichung ΔV:

$$\underline{\underline{\Delta V}} = K(i)\ PKR - K(s)1 = 90.000 - 85.000 = \underline{\underline{5.000{,}-\ DM}}$$

3) Errechnung der 1. Spezialabweichung $\Delta S1$:

Eine gegenüber der Planung veränderte Auftragszusammensetzung hat bewirkt, daß die variablen Kosten pro Maschinenstunde auf 31,– DM gestiegen sind.

$$\underline{\underline{\text{Sollkosten } K(s)2}} = KF(p) + kV\ (\text{Auftr.}) \times B(i) = 40.000 + 31 \times 1.500 = \underline{\underline{86.500{,}-\ DM}}$$

$$\underline{\underline{\Delta S1}} = K(s)2 - K(s)\ 1 = 86.500 - 85.000 = \underline{\underline{1.500{,}-\ DM}}\ (\text{Auftragszusammensetzungs-Abweichung})$$

4) Errechnung der 2. Spezialabweichung $\Delta S2$:

Eine ungeplante Kapazitätserweiterung hat zu einer Erhöhung der Fixkosten um 3.000,– DM pro Monat geführt.

$$\underline{\underline{\text{Sollkosten } K(s)3}} = KF(\text{Kapaz.}) + kV(\text{Auftr.}) \times B(i) = 43.000 + 31 \times 1.500 = \underline{\underline{89.500{,}-\ DM}}$$

$$\underline{\underline{\Delta S2}} = K(s)3 - K(s)2 = 89.500 - 86.500 = \underline{\underline{3.000{,}-\ DM}}\ (\text{Kapazitätsabweichung})$$

5) Die noch verbleibende (ungeklärte) Abweichung stellt die Restabweichung (bzw. „echte Verbrauchsabweichung") dar.

$$\underline{\underline{\text{Restabweichung } \Delta R}} = K(i)\ PKR - K(s)3 = 90.000 - 89.500 = \underline{\underline{500{,}-\ DM}}$$

9.2 Kontrolle der Einzelkosten

Auch die Einzelkosten werden normalerweise, wie bereits wiederholt erwähnt, kostenstellenweise kontrolliert u.z. getrennt nach Kostenträgern, sofern dies wirtschaftlich sinnvoll ist. Bei den Einzelkosten läßt sich die Istbeschäftigung in der Regel ohne Schwierigkeiten ermitteln, z.B. anhand der produzierten Stückzahlen.

9.2.1 Einzelmaterialkosten

Die Einzelmaterialkosten werden pro einzelner Materialart kontrolliert. Es wird jeweils die globale Verbrauchsabweichung ermittelt. Diese Abweichung wird, sofern „rechenbare" Kostenbestimmungsfaktoren vorliegen, in weitere Spezialabweichungen unterteilt, um die wichtigsten Abweichungsursachen herauszufinden. Zu den häufigsten Spezialabweichungen zählen u.a.:

1) **Auftragsbedingte Abweichungen**, z.B. durch Sonderwünsche der Kunden,
2) **Materialbedingte Abweichungen**, z.B. wenn die tatsächlichen Materialeigenschaften nicht den geplanten entsprechen,
3) **Mischungsbedingte Abweichungen**, z.B. durch die Veränderung der quantitativen und qualitativen Plan-Materialzusammensetzung.

Wenn nun auch diese Abweichungen auf einer bestimmten Kostenstelle festgestellt werden, so heißt dies nicht, daß sie auch von dem betreffenden Kostenstellenleiter zu verantworten sind. Die Verantwortung kann bei ganz anderen Stellen liegen, z.B. beim Vertrieb, indem er Sonderwünsche des Kunden ohne weiteres akzeptiert (auftragsbedingte Abweichung).

Eine materialbedingte Abweichung hingegen kann z.B. durch Engpässe bei der Beschaffung entstehen, so daß die eigentlich erforderlichen Materialien nicht in den gewünschten Mengen vorhanden sind.

9.2.2 Einzellohnkosten

Die Kontrolle der Einzellohnkosten ist abhängig von dem Entlohnungssystem, d.h. davon, ob es sich um ein Akkordlohnsystem oder um ein Zeitlohnsystem handelt.

9.2.2.1 Akkordlohnsystem

Theoretisch kann es in einem Akkordlohnsystem zu keiner Abweichung kommen, da nur die vorgegebene Zeit auch vergütet wird. *Dementsprechend müssen die Ist-Lohnkosten und die Soll-Lohnkosten identisch sein.*

In der Praxis kommt es jedoch oft zu Zusatzarbeiten, z.B. durch die Veränderung eines Auftrages. Dadurch können dann die Vorgabezeiten, ohne das Verschulden des Akkordarbeiters, nicht eingehalten werden. *Aufgrund dieser Zusatzlöhne entsteht eine Differenz zwischen Ist- und Sollkosten*, deren Ursache exakt analysiert werden sollte.

Beim Akkordlohnsystem ist es ferner wichtig, von Zeit zu Zeit eine Leistungsgradanalyse durchzuführen. Arbeiten die Arbeitskräfte langsam (niedriger Leistungsgrad), dann müssen z.B. die Maschinen länger laufen als bei einem hohen Leistungsgrad.

Dies bedeutet, daß sich bei einem geringeren Leistungsgrad die Gemeinkosten, die sich proportional zu der Fertigungszeit verhalten, erhöhen. Aus diesem Grund sollte der durchschnittliche Istleistungsgrad mit dem normalen Leistungsgrad, auf dem die Vorgabezeiten basieren, verglichen werden. Der Istleistungsgrad wird auf folgende Weise ermittelt[114]:

$$\text{(durchschnittlicher) Istleistungsgrad} = \frac{\text{Summe der Vorgabezeiten}}{\text{effektive Arbeitszeit}} \times 100$$

9.2.2.2 Zeitlohnsystem

Ist das Zeitlohnsystem die Grundlage der Entlohnung, so können die Einzelkosten nur dann durch eine Analyse der Verbrauchsabweichung kontrolliert werden, ***wenn sich die Fertigungszeit proportional zu einer Bezugsgröße verhält***. Die Verbrauchsabweichung wird auf folgende Weise errechnet:

$$\text{Verbrauchsabweichung} = (\text{Iststunden} - \text{Sollstunden}) \times \text{Planlohnsatz}$$

Die Iststunden können z.B. aus der Lohnabrechnung entnommen werden. Die Sollstunden ergeben sich aus der Multiplikation der geplanten Leistung, z.B. Stückzahl, mit der Planarbeitszeit pro Leistungseinheit.

Im Rahmen der Kontrolle der Einzellohnkosten müssen die Ursachen für die Verbrauchsabweichung ermittelt werden. Es ist zu prüfen, ob die Verbrauchsabweichung z.B. auf einer Verschlechterung des tatsächlichen Leistungsgrades beruht oder ob andere Gründe, wie z.B. Anlernzeiten, die von den Arbeitskräften nicht zu vertreten sind, die Ursache für die Verbrauchsabweichung sind[115].

9.2.3 Sondereinzelkosten

Auf Grund der verschiedenen Arten von Sondereinzelkosten kann, wie bei der Kostenplanung so auch bei der Kostenkontrolle, lediglich eine grundlegende Feststellung gemacht werden. *Die leistungsmengenabhängigen Sondereinzelkosten werden wie Einzelkosten kontrolliert.* Für die Vorleistungskosten bleibt nur die Möglichkeit einer Fixkostenanalyse[116].

---

[114] vgl. Haberstock, L.: Kostenrechnung II, a.a.O., S. 293

[115] Giesen, H.; Heck, A.; Reisel, R.: Plankostenrechnung, Verfahren ..., a.a.O., S. 114 f; Haberstock, L.: Kostenrechnung II, a.a.O., S. 292 ff; Kilger, W.: Flexible Plankostenrechnung und ..., a.a.O., S. 280 ff; Silber, G.: a.a.O., S. 90 ff; Vormbaum, H.; Rautenberg, H.-G.: a.a.O., S. 238

[116] vgl. Giesen, H.; Heck, R.; Reisel, R.: Plankostenrechnung, Verfahren ..., a.a.O., S. 115 f; Haberstock, L.: Kostenrechnung II, a.a.O., S. 295; Vormbaum, H.; Rautenberg, H.-G.: a.a.O., S. 239

9.3 Kontrolle der Gemeinkosten

Die Gemeinkosten werden so, wie sie geplant werden, auch kontrolliert, nämlich *kostenstellenweise, differenziert nach Kostenarten.* Das bedeutet, daß für jede Kostenart auf jeder Kostenstelle ein Soll-Ist-Vergleich durchgeführt werden muß. Zu diesem Zweck müssen pro Kostenart und Kostenstelle

- die Istkosten,
- die Istbezugsgröße und
- die Sollkosten

ermittelt werden.

9.3.1 Erfassung der Istkosten

Bei der Erfassung der Istkosten ist es wichtig, daß die ***Istkosten auf die gleiche Art und Weise auf die Kostenstellen (bzw. Kostenarten) verechnet werden wie die Plankosten***. Ist dies nicht der Fall, so kommt es zu Abweichungen, die **nicht auf innerbetrieblichen Unwirtschaftlichkeiten** beruhen, sondern auf **Abrechnungsfehlern**. Bei der Erfassung der Kosten können vor allen Dingen folgende Abrechnungsfehler entstehen:

1) **Falsche sachliche Kostenerfassung**
   z.B. durch ungenaue Abgrenzung zwischen Kosten und Aufwand.

2) **Falsche zeitliche Kostenerfassung**
   „Die Kosten werden sachlich zwar richtig erfaßt, jedoch nicht in der richtigen zeitlichen Verteilung in die Kostenrechnung übernommen“[117].

3) **Falsche örtliche Kostenerfassung**
   Die Kosten werden nicht verursachungsgerecht auf die Kostenstellen (bzw. Kostenarten) aufgeteilt.

Diese Fehler, die hauptsächlich im Anfangsstadium der Plankostenrechnung auftreten, müssen so schnell wie möglich, z.B. an Hand von Kontierungsvorschriften, beseitigt werden. Werden diese Fehler nicht korrigiert, dann werden auf Dauer fehlerhafte Abweichungen ermittelt, die dann dazu führen, daß *die Kostenstellenleiter das Vertrauen in die Abweichungsanalyse verlieren.*
In einigen Fällen ist eine Ermittlung von Istkosten nicht möglich, da die Kostenarten, wie z.B. kalkulatorische Abschreibungen, lediglich rechnerisch ermittelt werden können.

In anderen Fällen ist eine Istkostenermittlung zwar möglich, aber nicht wirtschaftlich, da zu hohe Kosten entstehen würden. Ein Beispiel hierfür ist der Ver-

[117] Agthe, K.: Die Abweichungen ..., a.a.O., S. 87

zicht auf einen Stromzähler für eine kleine Kostenstelle, weil die Kosten für den Stromzähler im Verhältnis zum Stromverbrauch zu hoch sind.

In den beschriebenen Fällen werden die Istkosten den Sollkosten gleichgestellt. Abweichungen können dementsprechend nicht entstehen[118].

9.3.2 Errechnung der Sollkosten

Bevor die Sollkosten errechnet werden können, muß die Istbezugsgröße ermittelt werden. Die Istbezugsgröße ist in ihrer Höhe für jede Kontrollperiode neu zu ermitteln.

Wie in Kapitel 5.1 erörtert, sollten möglichst nur direkte Bezugsgrößen verwendet werden. Wo dies nicht möglich ist, sollte budgetiert werden.

Bei der Ermittlung direkter Bezugsgrößen gibt es 2 Methoden:

1) Retrograde Erfassung

2) Direkte Erfassung

zu 1) Die Istbezugsgröße wird bei der retrograden Ermittlung aus der Menge der erbrachten Leistungen ermittelt, *„indem man jede Leistungseinheit mit der geplanten Mengeneinheit der Bezugsgröße multipliziert und die Ergebnisse summiert*“[119].

zu 2) Die direkte Erfassung der Istbezugsgröße beruht auf den tatsächlich entstandenen Bezugsgrößeneinheiten, die z.B. durch Aufschreibung, Messung usw. ermittelt werden. Bei diesem Verfahren muß allerdings darauf geachtet werden, ob sich **Unwirtschaftlichkeiten der Leistungserstellung** in einer erhöhten Zahl angefallener Bezugsgrößeneinheiten niedergeschlagen haben. So könnten sich z.B. durch eine niedrigere als geplante Arbeitsintensität die Maschinenlaufzeiten verlängern, d.h. die Zahl der gefahrenen Maschinenstunden höher sein als bei optimaler Arbeitsintensität.

Da aber Sollkosten frei von Unwirtschaftlichkeiten sein müssen, müßte in diesem Fall die Zahl der angefallenen Maschinenstunden nach unten korrigiert werden. Dies würde aber gleichzeitig zu niedrigeren Sollkosten führen. Damit wäre man aber auch auf diese Weise einer Soll-Ist-Abweichungsursache auf der Spur, u.a. einer Spezialabweichung in Form der „Arbeitsintensitätsabweichung“.

Nachdem die Istbezugsgröße ermittelt wurde, können die Sollkosten errechnet werden. In der Regel werden die Sollkosten auf folgende Weise ermittelt:

---

118 vgl. Agthe, K.: Die Abweichungen ..., a.a.O., S. 87 f; Agthe, K.: Kostenplanung ..., a.a.O., S. 145; Giesen, H.; Heck, A.; Reisel, R.: Plankostenrechnung, Verfahren ..., a.a.O., S. 147 f; Haberstock, L.: Kostenrechnung II, a.a.O., S. 297 f; Medicke, W.: a.a.O., S. 108 ff; Vormbaum, H.; Rautenberg, H.-G.: a.a.O., S. 219

119 Haberstock, L.: Kostenrechnung II, a.a.O., S. 299

Sollkosten = fixe Plankosten[120]
+ Istbeschäftigung × variable Plankosten pro Bezugsgrößeneinheit

Von den angefallenen Istkosten werden die Sollkosten abgezogen, wobei man als Ergebnis die **globale Verbrauchsabweichung** erhält.

Liegt heterogene Kostenverursachung (vgl. Kapitel 5.1.2) vor, so ist es häufig nicht möglich, die Istkosten den verschiedenen Bezugsgrößen zuzuordnen. ***In diesem Fall müssen für jede einzelne Bezugsgröße die Sollkosten ermittelt werden.*** Die einzelnen Sollkosten werden kostenstellenweise addiert und der Summe der gesamten Istkosten gegenübergestellt.

9.3.3 Spezialabweichungen

Wie schon mehrfach erwähnt, werden im Rahmen der Abweichungsanalyse Spezialabweichungen von der globalen Verbrauchsabweichung abgespalten. In der Praxis werden aus Wirtschaftlichkeitsgründen die Spezialabweichungen nur für *die* ***dominanten Kostenbestimmungsfaktoren*** gebildet. Welche Kostenbestimmungsfaktoren für eine Kostenstelle (bzw. Kostenart) dominant sind, ist abhängig von der Art der Kostenstelle.

Da die Spezialabweichungen zu unterschiedlich sind, können ***keine allgemeinen Regeln*** aufgestellt werden. Im folgenden soll deshalb nur die Bildung von zwei Spezialabweichungen (Verfahrensabweichung und Leistungsabweichungen) näher beschrieben werden:

1) Eine **Verfahrensabweichung** entsteht, wenn es z.B. durch einen Maschinenausfall nicht zu der geplanten Maschinenbelegung kommt. Die Verfahrensabweichung ergibt sich aus der Differenz zwischen Ist- und Planmaschinenbelegung[121].

   Verfahrensabweichung = (Stückkosten der tatsächlichen Fertigung minus Stückkosten der optimalen Fertigung) mal Anzahl der mit einer Verfahrensänderung produzierten Einheiten

2) Eine **Leistungsabweichung (Ausbeuteabweichung)** entsteht bei einem schwankenden Ausbeutegrad, wobei unter einem Ausbeutegrad der Quotient von verwertbarer zu bearbeiteter Menge verstanden wird.

   Leistungsabweichung = Iststunden minus Sollstunden der Ausbringungsmenge einer Abrechnungsperiode.

---

120 Bei den fixen Kosten müssen eigentlich Plankosten (= Sollkosten) und Istkosten identisch sein. Ist dies nicht der Fall, so liegt ein Planungsfehler vor (die Kapazität wurde z.B. entgegen der Planung geändert) oder es handelt sich eben nicht um fixe Kosten.

121 vgl. Agthe, K.: Die Abweichungen ..., a.a.O., S. 112 ff; Giesen, H.; Heck, A.; Reisel, R.: Plankostenrechnung, Verfahren, ..., a.a.O., S. 78 f; Haberstock, L.: Kostenrechnung II, a.a.O., S. 345 ff; Silber, G.: a.a.O., S. 167; Vormbaum, H.; Rautenberg, H.-G.: a.a.O., S. 242 f

Die Iststunden werden durch die direkte Ermittlung der Istbezugsgröße bestimmt, die Sollstunden durch die retrograde Ermittlung (vgl. Kapitel 9.3.2).

Die bewertete Differenz zwischen Ist- und Sollstunden ist dann die Leistungsabweichung[122].

9.3.4 Kontrolle der Fixkosten

Die Kontrolle der Fixkosten kann einmal in Form einer **Abweichungsanalyse** erfolgen.

In der Theorie werden die tatsächlichen und die geplanten Fixkosten oft gleichgesetzt. In der Praxis können jedoch, z.B. durch ungeplante Kapazitätsveränderungen oder durch zwar geplante, aber zeitlich verschobene Kapazitätsänderungen, Abweichungen zwischen Istfixkosten und Planfixkosten entstehen. Diese Abweichungen, die in der Voll- und Grenzplankostenrechnung auftreten können, werden **Fixkostenabweichungen** genannt.

Da die Fixkostenabweichungen Bestandteil der globalen Verbrauchsabweichung sind, können sie durch Spezialabweichungen von der Verbrauchsabweichung abgespalten werden. Weichen die tatsächlichen fixen Kosten dauerhaft von den geplanten Fixkosten ab, so ist es sinnvoll ***die Planfixkosten dieser Veränderung anzupassen***[123].

Des weiteren ist eine Fixkostenkontrolle in Form einer **Auslastungsanalyse** möglich.

Innerhalb der Auslastungsanalyse wird die Auslastung der vorhandenen Kapazität eines Betriebes ermittelt. Diese Analyse wird bei der Grenzplankostenrechnung und der flexiblen Plankostenrechnung auf Vollkostenbasis unterschiedlich durchgeführt.

1) Bei der **flexiblen Plankostenrechnung auf Vollkostenbasis** wird die Auslastung der Kapazität eines Betriebes an Hand einer ***Beschäftigungsabweichung, die den ungenutzten Teil der Kapazität angibt***, ermittelt.

Die Beschäftigungsabweichung ergibt sich aus der Differenz zwischen den Sollkosten und den verrechneten Plankosten, wie folgende Graphik zeigt (Schaubild 27).

2) Bei der **Grenzplankostenrechnung** ist es nicht möglich, die Beschäftigungsabweichung zu ermitteln, da die Sollkosten mit den verrechneten Plankosten übereinstimmen. Aus diesem Grund muß bei der Grenzplankostenrechnung die Aus-

---

122 vgl. Haberstock, L.: Kostenrechnung II, a.a.O., S. 337 ff; Kilger, W.: Flexible Plankostenrechnung und ..., a.a.O., S. 566 f; Silber, G.: a.a.O., S. 168 f; Vormbaum, H.; Rautenberg, H.-G.: a.a.O., S. 243

123 vgl. Ahlert, D.; Franz, K.-P.: a.a.O., S. 218; Haberstock, L.: Kostenrechnung II, a.a.O., S. 358 f; Kilger, W.: Flexible Plankostenrechnung und ..., a.a.O., S. 581 f; Silber, G.: a.a.O., S. 173; Vormbaum, H.; Rautenberg, H.-G.: a.a.O., S. 251 f

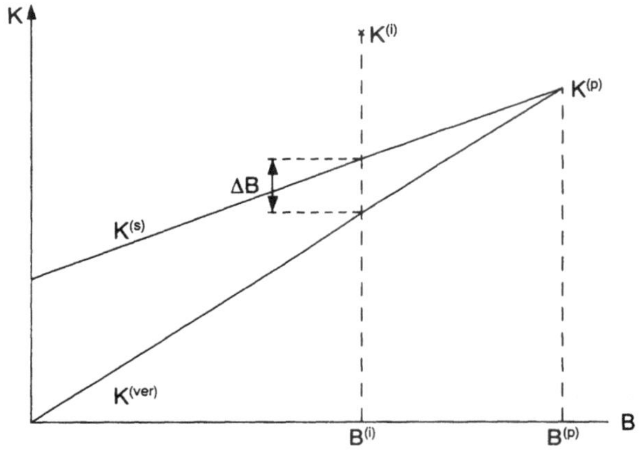

Schaubild 27: Beschäftigungsabweichung

lastung der Kapazität an Hand einer ***Nutz- und Leerkostenanalyse*** ermittelt werden.

Die Kosten für den ausgenutzten Teil der Kapazität bezeichnet man als **Nutzkosten.** Die Kosten des unausgenutzten Teils der Kapazität bezeichnet man als **Leerkosten.** Die Summe aus Nutzkosten und Leerkosten ergibt die *gesamten Fixkosten.*

Bei einer Beschäftigung von Null wird die Kapazität überhaupt nicht genutzt. Das bedeutet, daß bei dieser Beschäftigung keine Nutzkosten entstehen, nur Leerkosten. Steigt die Nutzung der Kapazität, so steigen auch die Nutzkosten, während die Leerkosten fallen. *Dementsprechend verhalten sich die* ***Nutzkosten und die Leerkosten umgekehrt proportional*** *zueinander.*

Bei der Planbeschäftigung wird die Kapazität vollständig genutzt, d.h. es existieren bei dieser Beschäftigung keine Leerkosten. „Die im Rahmen der Fixkosten-Auslastungsanalysen festgestellten Abweichungen sind allerdings keine realen Mehr- oder Minderkosten, wie die Verbrauchs- oder Preisabweichungen, sondern sind nur rechnerischen Größen, die rein statistische Bedeutung haben“[124].

Der Ausweis dieser Abweichungen dient dazu, den nicht genutzten Teil der Kapazität in einem Geldbetrag auszudrücken und dadurch Auswirkungen einer Abweichung der Istbeschäftigung von der Planbeschäftigung zu verdeutlichen[125].

---

124 Vormbaum, H.; Rautenberg, H.-G.: a.a.O., S. 252

125 vgl. Ahlert, D.; Franz, K.-P.: a.a.O., S. 218 ff; Haberstock, L.: Kostenrechnung II, a.a.O., S. 351 ff; Kilger, W.: Flexible Plankostenrechnung und ..., a.a.O., S. 578; Silber, G.: a.a.O., S. 172 f; Vormbaum, H.; Rautenberg, H.-G.: a.a.O., S. 251 ff

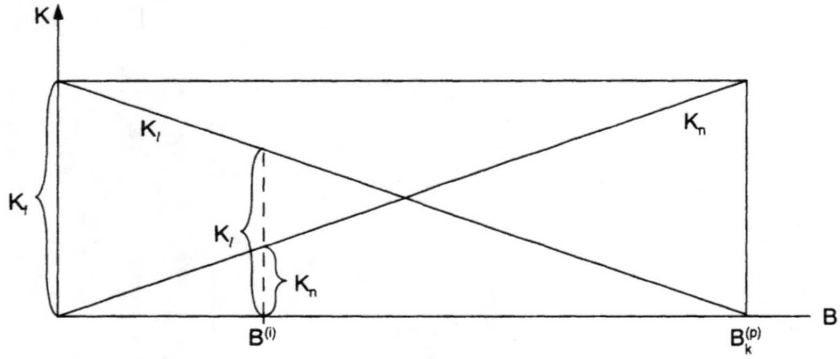

Schaubild 28: Nutz- und Leerkostenanalyse

Formelmäßige Darstellung:

Nutzkosten: $K_n = K_f^{(p)} \times \frac{B^{(i)}}{B_k^{(p)}}$

Leerkosten: $K_l = K_f^{(p)} \times \left(1 - \frac{B^{(i)}}{B_k^{(p)}}\right)$

Symbole: $K_f^{(p)}$ = Planfixkosten
$B^{(i)}$ = Istbeschäftigung
$B_k^{(p)}$ = Bezugsgröße bei Kapazitätsplanung

Beispiel 20: Errechnung von Nutz- und Leerkosten
Folgende Daten sind gegeben:
- Planfixkosten: 2.000,– DM
- Kapazitätsauslastung: 80%

Rechengang:

$$\underline{\underline{K_n}} = 2.000 \times \frac{80}{100} = \underline{\underline{1.600,\text{– DM}}}$$

$$\underline{\underline{K_l}} = 2.000 - 2.000 \times \frac{80}{100}$$
$$= 2.000 - 1.600$$
$$\underline{\underline{= 400,\text{– DM}}}$$

9.4 Die Auswertung der aus der Kostenkontrolle gezogenen Erkenntnisse

Die Auswertung der Kostenkontrolle beginnt mit der Darstellung der Abweichungen. Die Form des Soll-Ist-Vergleichs pro Kostenart und Kostenstelle ist im Prinzip gleich, ob nun EDV-Listen ausgedruckt werden oder die Darstellung auf andere Weise erfolgt:

Kostenstelle						
	Berichtsmonat			Jahr kumuliert		
Kostenarten	Soll	Ist	Abw.	Soll	Ist	Abw.

Schaubild 29: Formblatt „Kostenkontrolle"

Werden von den Verbrauchsabweichungen Spezialabweichungen abgespalten, ist das Formblatt entsprechend detaillierter aufgebaut. Das Unternehmen legt des weiteren fest, **ab welcher Höhe Abweichungen zu analysieren sind**. Die Grenze wird in der Regel sowohl als ***prozentualer Wert*** festgelegt (also z.B. ist über jede Abweichung, die 5% und mehr beträgt, zu berichten) als auch als ***absoluter DM-Betrag***. Letzteres ist notwendig, da bei Kostenarten, die monatlich in großer Höhe anfallen, auch bereits niedrigere Prozentsätze hohe wertmäßige Beträge darstellen.

Um sicherzustellen, daß keine Kostenabweichung übersehen wird, wird von der für die Planung im Unternehmen verantwortlichen Abteilung **jede Abweichung, über die berichtet werden muß, auf dem Kostenkontrollblatt markiert**. Dieser **Abweichungsbericht** erfolgt auf einem besonderen Formblatt, das wie folgt aufgebaut ist und bis zu einem bestimmten Termin erstellt worden sein muß (s. S. 122).

Die **Auswertung** der aus der Kostenkontrolle gezogenen Erkenntnisse geht in 5 Schritten vor sich:

1. Errechnung der Abweichungen
2. Ermittlung der Abweichungsursachen durch den Kostenstellenleiter
3. Bericht an die für die Kostenkontrolle zuständige Abteilung (z.B. die Abteilung „Betriebswirtschaft")

Kostenstelle, Berichtsmonat, spätester Berichtstermin			
	Abweichung		
Kostenart	absolut	%	Erklärung der Kostenabweichung

Schaubild 30: Formblatt „Abweichungsbericht“

4. Besprechung der Maßnahmen zur Vermeidung zukünftiger unerwünschter Abweichungen. Beteiligt sind der Kostenstellenleiter und ein Vertreter der für die Kostenkontrolle zuständigen Abteilung. In komplizierten Fällen erfolgt jetzt erst die endgültige Abweichungsanalyse in Teamarbeit.
5. Erstellung eines Abweichungsberichtes und Verteilung an die Beteiligten und die vorgesetzten Stellen.

Unbedingt wichtig ist es, für die einzelnen Auswertungsschritte einen ***Terminplan*** zu erstellen, um eine zügige Abweichungsanalyse zu gewährleisten.

Des weiteren muß darauf geachtet werden, daß die **Termine auch eingehalten werden**. Das klingt zwar selbstverständlich, ist es aus den Erfahrungen der Praxis heraus aber nicht. Nur auf diese Weise ist sichergestellt, daß die Kostenkontrolle mit dem nötigen Ernst betrieben wird und nicht irgendwann einmal „versandet“.

Ein weiteres Problem der Kostenplanung und insbesondere der Kostenkontrolle ist **psychologischer Natur**. Auf der einen Seite können, wie bei jeder Arbeit, auch beim Planen der Kosten Fehler gemacht werden. Auf der anderen Seite besteht bei der für die Kostenüberwachung zuständigen Zentralabteilung, die ja in die direkten Planungsarbeiten weitgehend gar nicht eingeschaltet ist, die Gefahr, hinterher (bei der Abweichungsanalyse) immer alles besser zu wissen und die eigene Klugheit herauszustellen. Dies führt zu Aversionen bei den planenden Kostenstellenleitern gegen diese Abteilung, was der eigentlichen erforderlichen Zusammenarbeit nicht dienlich ist. Aus diesem Grunde sollte man **folgende Punkte** im Zusammenhang mit der Durchführung der Kostenkontrolle **beachten**:

1) Erstellung und Einhaltung des erwähnten **Terminplanes**
2) Bei Besprechungen im Zusammenhang mit der Kostenkontrolle muß insbesondere die für die Kostenkontrolle zuständige Zentralabteilung auf eine **sachliche Gesprächsatmosphäre** achten. Die Kostenstellenleiter dürfen sich nicht als Angeklagte fühlen. Jede Möglichkeit einer positiven Bemerkung sollte genutzt werden.

3) Zur Klärung von nicht auf Anhieb zu lösenden Problemen sollten sofort **Arbeitsteams** gebildet und Termine festgesetzt werden, bis zu denen die Arbeitsergebnisse vorliegen müssen.

4) Schließlich ist es oft sinnvoll, Kostenberichte durch **graphische Darstellungen** zu ergänzen. Insbesondere den vorgesetzten Stellen, die mit den Kostenklärungsarbeiten im Detail nicht befaßt sind, wird die Erkenntnisgewinnung erleichtert.

Der Terminplan für die 5 Auswertungsschritte sollte in etwa folgende Zeitspanne beinhalten:

zu 1. Abweichungserrechnung: 1 Woche nach Abrechnungsschluß

zu 2. Ermittlung der Abweichungsursachen: sofort nach Vorliegen der Abweichungserrechnung

zu 3. Bericht an die Zentralabteilung: 2 Wochen nach Abrechnungsschluß

zu 4. Maßnahmengespräch/Kostendurchsprache: 3. Woche nach Abrechnungsschluß

zu 5. Abweichungsbericht: 4. Woche nach Abrechnungsschluß

Im Zusammenhang mit der Kostenkontrolle ist auch noch folgendes anzumerken. Je exakter die Kosten geplant sind, desto

- effektiver,
- arbeitssparender und
- schneller

kann die Kostenkontrolle erfolgen.

Das bedeutet, daß jeder, der mit Kostenplanungsarbeiten betraut ist, **genaue Aufzeichnungen** darüber anfertigen sollte, wie er bei der Planung jeder einzelnen Kostenart vorgegangen ist.

Da die Planungsarbeiten nur einmal im Jahr erfolgen, wird zu einem großen Teil bei diesen Arbeiten nur das Kurzzeit-Gedächtnis in Anspruch genommen. Dies bedeutet, daß dem Planer viele Planungsüberlegungen, die ihm während der intensiven Beschäftigung mit der Materie als selbstverständlich erscheinen, im Laufe des Jahres aus dem Gedächtnis entschwinden.

Das hat zur Folge, daß er bei der Abweichungsanalyse manche Planzahlen mühsam rekonstruieren muß, sofern er seine Planungsarbeiten nicht sorgfältig dokumentiert hat. Dies kann viel Zeit und Nerven kosten.

Noch wichtiger ist die sorgfältige Dokumentation der Planungsarbeiten **für die Planung des nächsten Jahres**. Denn dann ist unter Umständen seit den letzten Überlegungen eben ein ganzes Jahr vergangen und die Erinnerungslücke noch größer. ***Durch exakte Aufzeichnungen kann dagegen viel Zeit bei den Planungsarbeiten gespart werden*** *– und Zeitersparnis bedeutet auch in diesem Zusammenhang letztendlich doch auch wieder Kostenersparnis*, auch wenn ein großer Teil der Planungsarbeiten während unbezahlter Überstunden erledigt werden sollte.

9.5 Die Kontrolle der Leistung

Auch die Leistung wird, wie die Kosten, einer monatlichen Soll-Ist-Kontrolle unterzogen. Die Kontrolle der Leistung ist allerdings auch wieder, wie ihre Planung, weit weniger arbeitsaufwendig als die der Kosten.

Die Kontrolle der Leistung wird im Prinzip ähnlich durchgeführt wie die Kostenkontrolle. Auch hier müssen festgestellte Soll-Ist-Abweichungen größeren Ausmaßes *eine **Abweichungsanalyse einschließlich einer Ursachenforschung** zur Folge haben.*

Die wichtigsten Leistungen des Unternehmen sind, wie bereits in Kapitel 3.1 erörtert, die Umsatzerlöse. Hinzu kommen die zu aktivierenden Eigenleistungen und Bestandserhöhungen.

Sollte im Unternehmen die **kurzfristige Erfolgsrechnung** nach dem **Gesamtkostenverfahren** aufgebaut sein, müssen aus Gründen der Vollständigkeit des Planungssystems selbstverständlich alle drei Leistungskategorien in die Kontrolle mit einbezogen werden. ***Das Schwergewicht der Kontrolle der Leistung liegt aber selbstverständlich bei den Umsatzerlösen***, denn das Unternehmen lebt nicht von aktivierten Eigenleistungen und Bestandserhöhungen.

Am häufigsten in der Praxis anzutreffen ist aber das **Umsatzkostenverfahren,** so daß man sich bei der Leistungskontrolle von vornherein auf den Umsatz beschränken kann. Die beiden anderen Leistungskategorien können dann im Rahmen der *Planbilanz* kontrolliert werden.

Man unterscheidet bei der Umsatzkontrolle **zwei Abweichungsursachen**:

1) Mengenbedingte Umsatzabweichung
Sie ist dann gegeben, wenn die tatsächlich verkaufte Menge eines Produktes von der geplanten abweicht. Diese Betrachtung kann allerdings nur angestellt werden, wenn ***jedes Produkt einzeln einer Umsatzkontrolle unterzogen** wird.* Im Zeitalter der elektronischen Datenverarbeitung ist dies inzwischen selbst bei Vielproduktbetrieben kein Problem mehr.

Die mengenbedingte Umsatzabweichung wird wie folgt ermittelt:

  Ist-Absatzmenge × Planpreis
– Plan-Absatzmenge × Planpreis

= mengenbedingte Umsatzabweichung

Vorbedingung ist selbstverständlich, daß *die Umsatzplanung auch mengenmäßig erfolgt und nicht, wie in der Praxis noch des öfteren anzutreffen, nur wertmäßig.*

2) Preisbedingte Umsatzabweichung
Sie ist dann gegeben, wenn die tatsächlichen Verkaufspreise der Produkte von den geplanten abweichen. ***Auch in diesem Fall ist eine exakte Kontrolle auch***

wieder nur möglich, wenn sie für jedes Produkt getrennt erfolgt. Die preisbedingte Umsatzabweichung wird wie folgt ermittelt:

Ist-Absatzmenge × Istpreis
– Ist-Absatzmenge × Planpreis

= preisbedingte Umsatzabweichung

Bei der Betrachtung der preisbedingten Umsatzabweichung ist darauf zu achten, daß sowohl der Istpreis als auch der Planpreis die gleichen **Preiskomponenten** enthalten, also z.B.

- Rabatte,
- Skonti,
- Boni

in gleicher Weise berücksichtigt worden sind.

In der Mehrzahl der Fälle sind die *Umsatzabweichungen sowohl mengen- als auch preisbedingt*, liegt im Umsatzwert also eine Mischung beider Ursachen vor. Sobald aber sowohl Mengen als auch Preise der Produkte geplant sind, lassen sich beide Ursachen problemlos errechnen.

Im Falle einer **rein wertmäßigen Planung des Umsatzes** kann durch eine ***Beobachtung der Marktpreisentwicklung*** im Laufe der Kontrollperiode größenordnungsmäßig der preisbedingte Abweichungseinfluß ermittelt werden.

Sollte außerdem der Umsatz auch nicht produktweise, sondern nur produktgruppenweise geplant sein, so kann man diese Betrachtung selbstverständlich auch mit *Durchschnittspreisen für die Produktgruppe* insgesamt anstellen. Die errechneten Werte werden dann aber sicherlich **noch ungenauer**.

Es ist gut, wenn man sich bei der Planung und Kontrolle von Kosten und Leistungen immer einmal wieder an eine alte Planungsweisheit erinnert, daß

„genau“ + „ungenau“ = „ungenau“

ergibt. Der Wert exakter Planungs- und Kontrollarbeiten wird für das Unternehmen wesentlich gemindert, wenn nicht überall Planzahlen mit äußerster Sorgfalt ermittelt werden.

9.6 Kontrollbeispiele

Beispiel 21: Ermittlung der Preis- und Mengenabweichung

Folgende Daten sind gegeben:
- Geplante Menge des Rohstoffes „Blech“: 1.200 m^2
- Tatsächlich verbrauchte Menge des Rohstoffes „Blech“: 1.220 m^2

- Planpreis: 6,20 DM pro m^2
- Tatsächlicher Preis: 7,10 DM pro m^2

Rechengang

1) Istmenge × Istpreis = Istkosten (gemäß Istkostenrechnung)
   1.220 × 7,10 = 8.662,– DM
   Istmenge × Planpreis = Istkosten (gemäß Plankostenrechnung)
   1.220 × 6,20 = 7.564,– DM
   Preisabweichung = 8.662 – 7.564 = **1.098,– DM**

2) Planmenge × Planpreis = Plankosten
   1.200 × 6,20 = 7.440,– DM
   Mengenabweichung = 7.564 – 7.440 = **124,– DM**

Beispiel 22: Ermittlung der Verbrauchs- und Beschäftigungsabweichung

Folgende Daten sind gegeben:

- Für die Kostenstelle Fräserei gilt die lineare Kostenfunktion K = 2.100 + 25 x im Rahmen einer flexiblen Plankostenrechnung auf Vollkostenbasis.
- Als Leistung war eine Stückzahl eines einheitlichen Produktes in Höhe von 4.200 geplant
- Tatsächlich produziert wurden 4.000 Stück
- Die in dem Planmonat angefallenen Istkosten betragen 105.000,– DM

Rechengang:

1) **Plankosten: $K^{(p)}$** = 2.100 + 25 × 4.200
   = **107.100,– DM**
2) **Sollkosten: $K^{(s)}$** = 2.100 + 25 × 4.000
   = **102.100,– DM**
3) **Verbrauchsabweichung ΔV** = $K^{(i)} - K^{(s)}$
   = 105.000 – 102.100
   = **2.900,– DM**
4) **Beschäftigungsabweichung ΔB** = $K^{(s)} - K^{(verr)}$
   Errechnung der verrechneten Plankosten: $K^{(verr)}$
   a) Errechnung des **Kalkulationssatzes zu Vollkosten:**
      $K^{(p)}$: geplante Stückzahl, also 107.100 : 4.200 = **25,50 DM/Stück**
   b) Multiplikation des Kalkulationssatzes mit der Istbeschäftigung:
      $K^{(verr)}$ = 25,50 × 4.000 = **102.000,– DM**

   Beschäftigungsabweichung ΔB = 102.100 – 102.000
   = **100,– DM**

Beispiel 23: Ermittlung von Spezialabweichungen

Folgende Daten sind gegeben:

- Im Rahmen einer flexiblen Plankostenrechnung auf Grenzkostenbasis (Grenzplankostenrechnung) gilt für die Kostenstelle „Anilin I" eines Chemieunternehmens die Kostenfunktion $K = 12.000 + 6\ x$
- Produktionsmenge im Kontrollmonat: 5.000 kg eines Farbstoffes
- Angefallene Istkosten: 44.400,– DM
- Im Rahmen der Kostenkontrolle wurde festgestellt, daß eine gegenüber der Planung verringerte Arbeitsintensität zu variablen Kosten in Höhe von 6,20/kg geführt hat
- Ferner wurde festgestellt, daß die Kapazitätserhöhung den geplanten Umfang überschritten hat und zu einer Fixkostensteigerung in Höhe von 5% geführt hat.

Rechengang:

1) Ermittlung der **Sollkosten $K^{(s)}$:**
   $K^{(s)} = 12.000 + 6 \times 5.000 = 42.000$,– DM
2) **Globale Verbrauchsabweichung ΔV** $= K^{(i)} - K^{(s)}$
   $\Delta V = 44.400 - 42.000 =$ **2.400,– DM**
3) Ermittlung der Sollkosten unter Berücksichtigung einer veränderten Arbeitsintensität:
   $K_{int.}^{(s)} = 12.000 + 6{,}20 \times 5.000 =$ **43.000,– DM**
4) **Intensitätsabweichung ΔI** $= K_{int}^{(s)} - K^{(s)}$
   $\Delta I = 43.000 - 42.000 =$ **1.000,– DM**
5) Ermittlung der Sollkosten unter Berücksichtigung der veränderten Arbeitsintensität und der veränderten Kapazität:
   $K_{kap.}^{(s)} = 12.600 + 6{,}20 \times 5.000 =$ **43.600,– DM**
6) **Kapazitätsabweichung ΔK** $= K_{kap.}^{(s)} - K_{int}^{(s)}$
   $\Delta K = 43.600 - 43.000 =$ **600,– DM**
7) Ermittlung der **Restabweichung** (bzw. echten Verbrauchsabweichung)
   $\Delta R = K^{(i)} - K_{kap}^{(s)}$
   $\Delta R = 44.400 - 43.600 =$ **800,– DM**
8) Probe:
   $\mathbf{\Delta V} = \Delta I + \Delta K + \Delta R$
   $= 1.000 + 600 + 800$
   = **2.400,– DM**

Beispiel 24: Kontrolle der Leistung

Einem geplanten Umsatz eines Produktes in Höhe von 500.000,– DM steht ein tatsächlich erreichter Umsatz in Höhe von 530.400,– DM gegenüber.

Bei der Analyse der Soll-Ist-Abweichung von 30.400,– DM würde man wie folgt vorgehen:

1) Feststellung der mengenbedingten Umsatzabweichung ΔM:
   - Verkaufte Menge: 1.040 t

- Geplante Menge: 1.000 t
- Planpreis: 500,– DM pro t

Rechengang:

	Ist-Absatzmenge × Planpreis
–	Plan-Absatzmenge × Planpreis

1.040 × 500 = 520.000,– DM
1.000 × 500 = 500.000,– DM

ΔM = 20.000,– DM

2) Feststellung der preisbedingten Umsatzabweichung ΔP:
   - Istpreis: 510,– DM pro t

Rechengang:

	Ist-Absatzmenge × Istpreis
–	Ist-Absatzmenge × Planpreis

1.040 × 510 = 530.400,– DM
1.040 × 500 = 520.000,– DM

ΔP = 10.400,– DM

Glossar

Abweichungen
Abweichungen sind kostenrechnerisch die Differenz zwischen tatsächlichen Istkosten und geplanten bzw. verrechneten Kosten. Solche Differenzen gibt es sowohl in der Plan- als auch in der Normalkostenrechnung.

Abweichungsanalyse
Methode zur Aufspaltung der Gesamtabweichung in auf bestimmte Ursachen zurückzuführende Teilabweichungen, insbesondere um die Wirtschaftlichkeit der Fertigung zu messen.

Akkordlohn
Lohn, der aufgrund einer erbrachten Leistung gezahlt wird.

Akkordrichtsatz
Summe aus Tariflohn und Akkordzuschlag.

Akkordzuschlag
Betrag, um den der Tariflohn erhöht wird, wenn die Arbeit nicht im Zeitlohn sondern im Akkordlohn ausgeführt wird.

Aktualisierte Mittelwerte
Mittelwerte, die in der Kostenrechnung – speziell in der Normalkostenrechnung – Verwendung finden. Sie werden aus den Istkosten pro Kostenstelle und Kostenart vergangener Abrechnungsperioden errechnet. Dabei werden die zugrunde liegenden Istkosten an die Änderungen der Kostenstruktur im Zeitablauf angepaßt.

Auftragszeit
Sie umfaßt die Zeit, die für die Erledigung eines bestimmten Auftrags notwendig ist. Die Auftragszeit setzt sich aus Vorbereitungszeit (Rüstzeit) und Ausführungszeit zusammen. Die Auftragszeit bildet die Grundlage für die Produktions- und Kostenplanung.

Beschäftigungsgrad
Der Beschäftigungsgrad, auch Kapazitätsausnutzungsgrad, wird ausgedrückt durch den Quotienten aus der genutzten Kapazität (Ausbringung) und dem vorhandenen Kapazitätspotential. Er zeigt die tatsächliche Leistung an.

Beschäftigungsabweichung
Die Differenz zwischen Sollkosten und verrechneten Plankosten einer bestimmten Istbeschäftigung. Sie ist keine echte Kostenabweichung, sondern nur eine Verrechnungsdifferenz zwischen Kostenstellenrechnung und Kostenträgerrechnung.

Betriebsvergleich
Vergleich der Istkosten eines Betriebes mit den Istkosten eines anderen Betriebes oder mit Durchschnittswerten der Branche.

Bezugsgrößen
Neben dem Zweck der möglichst genauen Kalkulation dient die Bezugsgröße in einer bestimmten Kostenstelle bei der flexiblen Plankostenrechnung der Kostenkontrolle (Doppelfunktion der Bezugsgröße). Die Bezugsgröße muß hier ein Maßstab der Kostenstellenleistung sein. Zu diesem Maßstab müssen die Kosten der Kostenstelle ganz oder teilweise in einer proportionalen oder zumindestens bekannten Abhängigkeit stehen. Mittels der Bezugsgröße werden Kostenbestimmungsfaktoren „rechenbar" gemacht. Beispiele für Bezugsgrößen: Stückzahl, Arbeitsstunden.

Bezugsgrößenplanung
Bei der Bezugsgrößenplanung werden für die einzelnen Bezugsgrößen der Kostenstellen die zugehörigen Planwerte festgestellt. Diese Planwerte bilden die Grundlage für die Planung der Kostenstellenkosten.

Bezugsgrößenwahl
Sie ist eine wichtige Voraussetzung für die Plankostenrechnung. Die Bezugsgröße muß den Grad der Beschäftigung ausdrücken. Die Bezugsgrößenwahl ist Voraussetzung für die Ermittlung des Plankostenverrechnungssatzes sowie für die Ermittlung der Sollkosten der jeweiligen Istbeschäftigung der Kostenstelle.

Budgetkosten
Die pro Kostenstelle für eine bestimmte Periode geplanten Kosten, insbesondere die Kosten solcher Kostenstellen, für die keine verursachungsgerechten Bezugsgrößen ermittelt werden können.

Doppelte Bruttolohnabrechnung
Ein Verfahren zur Eliminierung nicht eingeplanter Tariferhöhungen während der Planungsperiode. Die Bruttolohnabrechnung wird einmal nach den bisher geltenden Tarifsätzen und zusätzlich nach den neuen Sätzen durchgeführt. Die Differenz bildet den Saldo des Tarifdifferenzkontos.

Drei-Abweichungsmethode
Eine Methode der Abweichungsanalyse, bei der neben der Verbrauchsabweichung und der Beschäftigungsabweichung noch eine Leistungsabweichung errechnet wird.

Ecklohn
Tariflich festgesetzter Stundenlohn für bestimmte Arbeitsanforderungen bzw. für eine bestimmte Lohngruppe. Aus festgelegten Relationen ergibt sich dann der Tariflohn für andere Arbeitsanforderungen bzw. andere Lohngruppen.

Einfach-flexible Plankostenrechnung
Die Sollkosten werden als Funktion eines Kostenbestimmungsfaktors dargestellt.

Engpaßplanung
Grundsatz der betrieblichen Planung, dessen wesentliches Prinzip es ist, die gesamte Planung auf den schwächsten betrieblichen Teilbereich abzustellen.

Fixkosten
Diejenigen Kosten, deren Höhe vom Beschäftigungsgrad unabhängig ist. Ihnen liegen Entscheidungen über einen bestimmten Umfang der betrieblichen Kapazität zugrunde.

Grenzplankostenrechnung
Form der flexiblen Plankostenrechnung, bei der sowohl im Rahmen der Kostenstellenrechnung als auch im Rahmen der Kostenträgerrechnung eine Aufspaltung der Kosten in ihre variablen und fixen Bestandteile erfolgt

Grundzeit
Summe aller Soll-Zeiten der Teilschritte eines betrachteten Arbeitsablaufes.

Heterogene Kostenverursachung
liegt vor, wenn in einer Kostenstelle nicht alle Kostenverursachungen mit nur einer Bezugsgröße gemessen werden können. Daher müssen in diesem Fall stets mehrere Bezugsgrößen verwandt werden.

Homogene Kostenverursachung
liegt vor, wenn in einer Kostenstelle die Möglichkeit besteht, die Kostenverursachung aller Kostenarten mit nur einer Bezugsgröße zu messen.

Intensität
Die Intensität eines Produktionsprozesses ist der Quotient aus der Zahl gleichartiger Ausbringungseinheiten und der hierfür benötigten Arbeitszeit.

Intensitätsabweichung
Eine spezielle Abweichung, die auf Prozessen der intensitätsmäßigen Anpassung beruht. Sie muß ermittelt werden, wenn sich der Intensitätsgrad gegenüber der Planung verändert hat und somit eine andere Sollkostenhöhe als Orientierung für die Ermittlung der echten Verbrauchsabweichung heranzuziehen ist.

Istkosten
Kosten, die während einer bestimmten Abrechnungsperiode tatsächlich angefallen sind. Istkosten sind daher vergangenheitsorientiert.

Kapazitätsplanung
Bestimmend für die Planung der Betriebskapazität ist das geplante Fertigungsvolumen für die jeweilige Periode. Die Kapazitätsplanung ist Ausgangspunkt für die Kostenplanung des Fertigungsbereiches.

Kostenauflösung
auch Kostenspaltung genannt. Verfahren, das der Aufteilung des Betrages einer Kostenart nach bestimmten Kriterien dient. Kriterium zur Auflösung der Kosten ist häufig die Reagibilität der Kostenarten auf eine Veränderung der Beschäftigung, was zur Aufteilung der Kosten in ihre fixen und variablen Bestandteile führt.

Kostenbestimmungsfaktoren
Faktoren, die sich auf die Höhe und Veränderung von Kosten auswirken bzw. die Funktionsgesetze von Kostenfunktionen festlegen; z.B. die betriebliche Kapazität, die Ausbringung oder Preise der Produktionsfaktoren.

Kostenkontrolle
Begriff und Aufgaben: laufende Kontrolle der Kostenhöhe in den einzelnen Leistungsbereichen (z.B. Kostenstellen, Kostenstellengruppen) im Hinblick auf Unwirtschaftlichkeiten. Voraussetzung ist eine Richtgröße, die aus Planwerten oder (weniger gut) aus Durchschnittswerten der Vergangenheit bestehen kann.

Kostenplanung
Instrument der Unternehmungsleitung zur Ermittlung zukunftsbezogener Kosten (erwartete zukünftige Istkosten) als Grundlage für die Kostenkontrolle und die Unternehmensplanung.

Kostenremanenz
Begriff zur Beschreibung des Verhaltens der Kosten bei Beschäftigungsschwankungen. Entstehen bei expansiver Beschäftigungsentwicklung zusätzliche variable bzw. sprungfixe Kosten, die bei Beschäftigungsrückgängen nicht ohne weiteres auf die ursprüngliche Höhe abgebaut werden können, so spricht man von Kostenremanenz.

Kostenstellenbudget
Die Dokumentation der für eine Kostenstelle geplanten Kosten.

Leerkosten
Der Teil der Fixkosten, der durch die tatsächliche Beschäftigung im Verhältnis zur maximalen Beschäftigung (Kapazität) nicht ausgenutzt wird.

Leer- und Nutzkostenanalyse
Zerlegung des Fixkostenblockes einer Kostenstelle in seine zwei Komponenten, die Leerkosten und die Nutzkosten.

Mehrfach-flexible Plankostenrechnung
Die Sollkosten werden als Funktion mehrerer Kostenbestimmungsfaktoren dargestellt. Man nennt diese Form auch teilflexible Plankostenrechnung.

Mengenabweichung
Im Unterschied zur Preisabweichung diejenige Abweichung, die sich aus der Differenz zwischen geplantem und tatsächlichem mengenmäßigem Verbrauch von Produktionsfaktoren ergibt. Sie wird auch globale Verbrauchsabweichung genannt.

Normalkosten
Aus Istkosten vergangener Abrechnungsperioden errechnete Durchschnittskosten, evtl. unter Ausschaltung von Extremwerten und unter Berücksichtigung erkennbarer Änderungen von Kostenbestimmungsfaktoren gebildet.

Normalkostenrechnung
Kennzeichen der Normalkostenrechnung ist die Verwendung normalisierter Verrechnungssätze für innerbetriebliche Leistungen und normalisierte Kalkulationssätze der Hauptkostenstellen. Als Formen lassen sich die starre und die flexible Normalkostenrechnung unterscheiden.

Normalzeit
Im Rahmen einer Zeitnahme gemessene Zeit, die der Beobachtete für einen Arbeitsgang braucht, multipliziert mit dem geschätzten Leistungsgrad und dividiert durch 100.

Nutzkosten
Der Teil der Fixkosten, der durch die tatsächliche Beschäftigung im Verhältnis zur maximalen Beschäftigung (Kapazität) ausgenutzt wird.

Planbeschäftigungsgrad
Der Planung zugrunde gelegter Beschäftigungsgrad. Es ist der Basisbeschäftigungsgrad für die Umrechnung der Plankosten in Sollkosten.

Planbezugsgröße
Dimension, in der der Planbeschäftigungsgrad ausgedrückt wird, z.B. Stückzahl oder Maschinenstunde.

Plankalkulation
Die Plankalkulation ist das zur Plankostenrechnung gehörige Kalkulationsverfahren. Sie ist eine Kalkulation auf der Grundlage von Plankosten.

Plankalkulationssatz
Plankosten dividiert durch Planbeschäftigung.

Plankosten
Nach rechnerischen, betriebswirtschaftlichen oder sonstigen wissenschaftlichen Methoden im voraus gebildete Richtkosten mit dem Charakter absoluter Verbrauchsnormen.

Plankosten, verrechnete
Mit der Istbeschäftigung multiplizierter Plankalkulationssatz.

Plankostenrechnung
Kostenrechnung unter Verwendung von Plankosten und Durchführung von Soll-Ist-Vergleichen. Ihr Schwerpunkt ist die Kostenkontrolle.

Plankostenrechnung, flexible
Form der Plankostenrechnung, die nicht nur Plankosten für den Planbeschäftigungsgrad sondern auch für den tatsächlich eingetretenen Istbeschäftigungsgrad errechnet.

Plankostenrechnung, starre
Form der Plankostenrechnung, die nur Plankosten für den Planbeschäftigungsgrad ermittelt und den tatsächlich eingetretenen Istbeschäftigungsgrad unberücksichtigt läßt.

Plankostenverrechnungssatz
Die Plankosten pro Einheit der Planbezugsgröße, d.h. zum Beispiel die Plankosten pro Stück.

Planmenge
Die geplante Einsatzmenge der verschiedenen Produktionsfaktoren. Bei ihrer Ermittlung ist von der Planbeschäftigung pro Kostenstelle auszugehen.

Planperiode
Die Periode, für die die Planung des Gesamtunternehmens und der Teilbereiche durchgeführt wird.
Unterteilung nach Fristigkeit: a) langfristig ab 5 Jahren b) mittelfristig 2-5 Jahre c) kurzfristig bis 1 Jahr

Planpreis
Der von der betrieblichen Planung verwendete Verrechnungspreis. Er soll dem zukünftigen Istpreis möglichst nahekommen und bleibt für die Dauer mindestens einer Periode fest.

Planreserven
Im Rahmen der Kostenplanung mit Absicht zu hoch geplante Kosten, die im Falle einer gegenüber der Planung verschlechterten Geschäftsentwicklung ein Einsparungspotential darstellen. Die Planreserven bewirken, daß der ursprüngliche Plangewinn nicht oder weniger stark (nach unten) korrigiert werden muß.

Planungssystem
Eine aus Teilplänen bestehende Planung aller wesentlichen Aktivitäten des Unternehmens einschließlich ihrer kosten- und ertragsmäßigen Auswirkungen.

Planungstechniken
Grundsätzliche Vorgehensweise bei der Kostenplanung, also z.B. Planung aufgrund technischer Studien oder Planung aufgrund von statistischen Vergangenheitswerten.

Planungsüberholung
oder Planrevision; in der Plankostenrechnung die partielle oder umfassende Überprüfung der Planpreise, der Planbeschäftigung und der Planverbrauchsmengen auf ihre Entsprechung mit der Realität und ihre eventuell notwendige Veränderung.

Preisabweichung
Eine Differenz, die auf die Abweichungen des Istpreises vom Planpreis zurückzuführen ist. Für Preisabweichungen sind die Leiter der Kostenstellen im allgemeinen nicht verantwortlich.

Preisdifferenzkonto
Ein Kostenkonto; es dient der Aufnahme der Differenz zwischen den Marktpreisen und den in der Kostenrechnung verwendeten betrieblichen Verrechnungspreisen für das Material. Der Saldo wird am Ende der Abrechnungsperiode über das Abgrenzungssammelkonto in die Gewinn- und Verlust-Rechnung übernommen.

Preisuntergrenze
Mindestpreis eines Produktes, dessen Unterschreitung zu einer Verschlechterung der wirtschaftlichen Situation des Unternehmens führt. Normalerweise stellen die Selbstkosten eines Produktes die Preisuntergrenze dar. Für eine begrenzte Zeitspanne kann sie auch einmal unter den Selbstkosten liegen, nie aber unter den variablen Selbstkosten.

Relevante Kosten
Bei der Lösung eines Entscheidungsproblems werden nur jene Teile der Gesamtkosten beeinflußt, die von den Aktionsparametern des Entscheidungsproblems abhängig sind. Sie werden als relevante Kosten bezeichnet.

Restabweichung
Der Teil der globalen Verbrauchsabweichung, der zum Schluß übrig bleibt, wenn man von ihr sämtliche (rechenbaren) Spezialabweichungen abgespalten hat. Die Restabweichung wird auch echte Verbrauchsabweichung genannt.

Soll-Istkostenvergleich
Eine der wichtigsten Methoden in der Plankostenrechnung besteht im Gegenüberstellen der Sollkosten mit den tatsächlich entstandenen Kosten (Istkosten) einer Periode. Ziel ist es, Abweichungen, Abweichungsursachen und die Verantwortlichkeit der Kostenstellenleiter für diese Abweichungen festzustellen.

Soll-Ist-Vergleich, geschlossener
Er ist dadurch gekennzeichnet, daß auf jeder Kostenstelle für jede Kostenart die Differenz zwischen Soll- und Istkosten ermittelt wird.

Soll-Ist-Vergleich, partieller
Er ist dadurch gekennzeichnet, daß nur bei einigen wichtigen Kostenarten die Differenz zwischen Soll- und Istkosten ermittelt wird, wobei nicht jede Kostenstelle davon betroffen sein muß.

Sollkosten
Kostenvorgaben im Rahmen der flexiblen Plankostenrechnung. Die Plankosten des mit 100% angenommenen Planbeschäftigungsgrades werden in die dem effektiven Beschäftigungsgrad entsprechenden Sollkosten umgerechnet. Sie umfassen die vom Beschäftigungsgrad unabhängigen fixen Kosten und die vom Beschäftigungsgrad abhängigen variablen Kosten.

Spezialabweichungen
Teilabweichungen, die bei der Abweichungsanalyse von der globalen Verbrauchsabweichung abzuspalten sind, um die tatsächlichen Wirkungen von einzelnen Kostenbestimmungsfaktoren auf die verursachten Kosten isolieren zu können.

Standardkosten
Plankosten pro Leistungseinheit, insbesondere die geplanten Herstellkosten pro Leistungseinheit.

Sunk cost
Ursprünglich variable Kosten, die in ihrer praktischen Bedeutung zu fixen Kosten geworden sind, z.B. schon seit längerer Zeit gelagertes Verpackungsmaterial, das jetzt durch Vergilben unbrauchbar wird, wenn es nicht in Kürze verbraucht wird.

Tariflohn
Der im Rahmen eines Tarifvertrages zwischen Gewerkschaften und Arbeitgeberverband vereinbarte Lohn, der nicht unterschritten werden darf.

Unwirtschaftlichkeit
Innerbetrieblicher Kostenbestimmungsfaktor. Damit sind Verhaltensweisen der eingesetzten Arbeitskräfte gemeint, die zu vermeidbaren Faktorverbrauchsmengen führen.

Variable Kosten
Kosten, die sich mit der Änderung einer bestimmten Einflußgröße ändern. Meist wird als Einflußgröße die Beschäftigung zugrundegelegt, doch läßt sich grundsätzlich jeder Kostenbestimmungsfaktor zur Differenzierung von variablen und fixen Kosten heranziehen.

Variator
Rechengröße in der flexiblen Plankostenrechnung, die angibt, um welchen Prozentsatz sich die Gesamtkosten ändern, wenn sich die Beschäftigung um 10% verändert. Die Anwendung von Variatoren setzt voraus, daß die Gesamtkosten in fixe und variable Kostenbeträge aufgespalten werden.

Verbrauchsabweichung, echte
Identisch mit der Restabweichung.

Verbrauchsabweichung, globale
Identisch mit der Mengenabweichung. Sie stellt die Differenz zwischen Istkosten und Sollkosten dar.

Verbrauchsfunktion
Sie bringt die Art der funktionalen Abhängigkeit des Verzehrs einer Faktorart von der Leistung eines Betriebsmittels zum Ausdruck. Es gibt technische und ökonomische Verbrauchsfunktionen. Die Bestimmung von Verbrauchsfunktionen wird insbesondere bei der Kostenplanung notwendig.

Verfahrensabweichung
Eine Spezialabweichung, die aus einer gegenüber der Planung veränderten tatsächlichen Maschinenbelegung resultiert.

Verrechnungspreis
Ein Wert, mit dem der mengenmäßige Verzehr in der Kostenrechnung über einen längeren Zeitraum hinweg bewertet wird.

Verteilzeit
Arbeitszeit, die nur indirekt oder gar nichts mit der eigentlichen Arbeit zu tun hat. Man unterscheidet zwischen der sachlichen (z.B. Dienstgespräch mit dem Meister) und der persönlichen (z.B. Gang zur Toilette) Verteilzeit.

Vier-Abweichungsmethode
eine Methode der Abweichungsanalyse, mit der die Beschäftigungs- und Verbrauchsabweichung der Zwei-Abweichungsmethode weiter aufgespalten werden. Folgende Abweichungen werden z.B. ausgewiesen:
1. Ausbeuteabweichung
2. (Rest-) Verbrauchsabweichung
3. Ausbringungsabweichung
4. (Rest-) Beschäftigungsabweichung

Voll-flexible Plankostenrechnung
Die Sollkosten stellen eine Funktion aller vorhandenen Kostenbestimmungsfaktoren dar. Diese Form der Plankostenrechnung hat nur theoretische Bedeutung, da bisher bei weitem noch nicht alle Kostenbestimmungsfaktoren in ihren Auswirkungen bekannt bzw. rechenbar sind.

Vorgabekosten
Oberbegriff für Normalkosten, Standardkosten und Plankosten, die Betrieben, Betriebsteilen und Kostenstellen als Budget vorgegeben werden.

Vorgabezeit
Für eine Tätigkeit im voraus ermittelte Arbeitszeit, wobei ein normaler Leistungsgrad zugrunde gelegt wird. Sie ergibt sich aus der Addition von Grundzeit und Verteilzeit.

Zeitlohn
Entlohnung nach reiner Anwesenheitszeit ohne eine unmittelbare Beziehung zur Leistung.

Zeitstudienverfahren
Methoden der Ermittlung von Vorgabezeiten. Man unterscheidet zwischen synthetischen Methoden (Verwendung überbetrieblich ermittelter Normalzeiten) und analytischen Methoden (Vornahme betriebsindividueller Zeitmessungen und Leistungsgradschätzungen).

Zeitvergleich
Vergleich der Istkosten einer Abrechnungsperiode mit den Istkosten einer früheren Abrechnungsperiode oder mit dem Durchschnitt der Istkosten aus mehreren früheren Abrechnungsperioden.

Zwei-Abweichungsmethode
Ein Verfahren der Abweichungsanalyse bei flexibler Plankostenrechnung, das im Gegensatz zur Vier-Abweichungsmethode nur die Beschäftigungsabweichung und die Verbrauchsabweichung ausweist, aber nicht weiter in Teilursachen aufspaltet.

Literaturverzeichnis

Agthe, Klaus: Die Abweichung in der Plankostenrechnung, Ihre Ermittlung, Analyse und Verrechnung, Diss., Freiburg 1958

Agthe, Klaus: Kostenplanung und Kostenkontrolle im Industriebetrieb, Baden-Baden 1963

Ahlert, Dieter; Franz, Klaus-Peter: Industrielle Kostenrechnung, 4. Auflage in: Betriebswirtschaft für Ingenieure, Hrsg. Vormbaum, H., Düsseldorf 1988

Büttner, Richard: Praktische Durchführung der Kostenplanung – Controlling von Kosten, Erlösen und Leistung mit EDV, in: Online – Zeitschrift für Datenverarbeitung, Heft 10. 1974, Köln Braunsfeld, Seite 648-654

Däumler, Klaus-Dieter; Grabe, Jürgen: Kostenrechnung 3, Plankostenrechnung, Darstellung, Fragen und Aufgaben, Antworten und Lösungen, Herne/Berlin 1984

Erhard, Ulrich; Fischbach, Rainer; Weiler, Hans: Statistik für Wirtschaftswissenschaftler, Anwendungsorientierte Einführung in die Betriebsstatistik, München 1977

Evers, Günther: Möglichkeiten und Grenzen mathematisch-statistischer Verfahren der Kostenauflösung, in: Planungsrechnung und Geschäftspolitik, AGPLAN-Schriftreihe, Band 6, Seite 99-113, Wiesbaden 1962

Förster, Erhard; Rönz, Bernd: Methoden der Korrelations- und Regressionsanalyse, Ein Leitfaden für Ökonomen, Berlin 1979

Geisen, Herbert; Heck, Alois; Reisel, Rainer: Plankostenrechnung, Verfahren und praktische Anwendung, Arbeitstexte zur Betriebswirtschaft, Hrsg. Durniok, P.; Lauer, H.; Seemann, H.-J.; Zimmer, D.: Bd. 7 Plankostenrechnung, Bamberg 1985

Giesen, Herbert; Heck, Alois; Reisel, Rainer: Plankostenrechnung, 2. Teil, Technik der Kostenplanung, Arbeitstexte zur Betriebswirtschaft, Hrsg. Duriok, P.; Lauer, H.; Seemann, H.-J.; Zimmer, D., Bd. 2 Plankostenrechnung, Köln 1977

Haberstock, Lothar: Kostenrechnung I, Einführung mit Fragen, Aufgaben und Lösungen, 8. Auflage, Hamburg 1987

Haberstock, Lothar: Kostenrechnung II, (Grenz-) Plankostenrechnung mit Fragen, Aufgaben und Lösungen, 7. Auflage, Hamburg 1986

Handwörterbuch des Rechnungswesens, Hrsg. Kosiol, Erich; Chmielewicz, Klaus; Schweitzer, Marcell, 2. Auflage, Stuttgart 1981

Horngren, Charles T.: Cost Accounting, A Managerial Emphasis. 4. Auflage, London und Englewood Cliffs, N.J. 1977

Hülshoff, Friedhelm: Kosten- und Leistungsrechnung industrieller Betriebe, Wiesbaden 1974

Hummel, Siegfried; Männel, Wolfgang: Kostenrechnung 1, Grundlagen, Aufbau und Anwendung, 4. Auflage, Wiesbaden 1986

Janisch, H.: Die Anforderungen der Plankostenrechnung an das industrielle Rechnungswesen, Schriftreihe der Arbeitsgemeinschaft Planungsrechnung e.V., Hrsg. Auffermann, J. D.; Kreuzer, Ph.; Schwantag, K., Heft 1, Wiesbaden 1959

Jost, Helmut: Kosten- und Leistungsrechnung, 2. Auflage, Wiesbaden 1976

Käfer, Karl: Standardkostenrechnung, Lehr- und Handbuch, 2. Auflage, Zürich 1964

Kalveram, Wilhelm: Kostenrechnung, 7. Auflage, Industrielles Rechnungswesen, Bd. 3, Wiesbaden 1973

Kilger, Wolfgang: Einführung in die Kostenrechnung, 2. Auflage, Wiesbaden 1973

Kilger, Wolfgang: Flexible Plankostenrechnung, Theorie und Praxis der Grenzplanrechnung und Deckungsbeitragsrechnung, 7. Auflage, Wiesbaden 1977

Kilger, Wolfgang: Flexible Plankostenrechnung und Deckungsbeitragsrechnung, 9. Auflage, Wiesbaden 1988

Klümper, Peter: Grundlagen der Kostenrechnung, Darstellung, Kontrollfragen, Aufgaben, Lösungen, 2. Auflage Berlin 1984

Koller, Horst: Organisation der Plankostenrechnung, 2. Auflage, Schriftreihe der Arbeitsgemeinschaft Planungsrechnung e.V., Bd. 5, Wiesbaden 1973

Männel, Wolfgang: Kostenrechnung 2, Moderne Verfahren und Systeme, 3. Auflage, Wiesbaden 1983

Marek, Othmar: Die industrielle Plankostenrechnung in typologischer Sicht, Diss. Nürnberg 1969

Matz, Adolph: Plankosten, Deckungsbeiträge und Budgets, Managementhilfen für die Betriebsanalyse, Wiesbaden 1975

Matz, Adolph: Planung und Kontrolle von Kosten und Gewinn, Handbuch der Planungsrechnung, Wiesbaden 1964

Medicke, Werner: Die Gemeinkosten in der Plankostenrechnung. Hrsg. Mellerowicz, Hohlfeld, Schnutenhaus, Bd. 6, Berlin 1956

Mellerowicz, Konrad: Kosten- und Kostenrechnung, Bd. 2, 4. Auflage, Berlin 1968

Mellerowicz, Konrad: Planung und Plankostenrechnung, Bd. 1 Betriebliche Planung, 3. Auflage, Freiburg i. Br. 1972

Mellerowicz, Konrad: Planung und Plankostenrechnung, Bd. 2 Plankostenrechnung, Freiburg i. Br., 1972

Michael, Rudolf; Torspecken, Hans-Dieter: Neuere Formen der Kostenrechnung, Kostenrechnung II, München/Wien 1981

Moews, Dieter: Zur Aussagefähigkeit neuer Kostenrechnungsverfahren, Bd. 39 der Betriebswirtschaftlichen Forschungsreihe, Berlin 1969

Montgomery, Douglas C.; Peck, Elizabeth A.: Introduction to linear regression analysis, New York 1982

Neblung, Carl: Statistische Ermittlung der fixen und variablen Kosten in Betrieben der Großserienfertigung, in: Zeitschrift der Betriebswirtschaft Nr. 20, 1950. S. 416ff.

Patterson, Friedrich-Karl: Die Ermittlung der Planzahlen für die Plankostenrechnung, Schriftreihe der Arbeitsgemeinschaft Planungsrechnung e.V., Bd. 3, Hrsg. Auffermann, D.; Kreuzer, Ph.; Schwantag, K., Wiesbaden 1961

Pentzek, Dieter: Flexible Plankostenrechnung, in: Betriebswirtschaftsmagazin, Heft 8/1976, S. 365-369

Pentzek, Dieter: Das Kostenstellenbudget, in: Betriebswirtschaftsmagazin, Heft 1/1978, S. 15-17, Heft 2/1978 S. 67-68

Plaut, Hans-Georg; Müller, Heinrich; Medicke, Werner: Grenzplankostenrechnung und Datenverarbeitung, 3. Auflage, München 1973

Recksiegel, Wolfgang-Rüdiger: Die Anwendung der Regressions- und Korrelationsanalyse in der Kostenrechnung, Dissertation an der Universität Münster 1971

Schneeweiß, Hans: Ökonometrie, Würzburg 1971

Schmalenbach, Eugen: Kostenrechnung und Preispolitik, 8. Auflage, bearbeitet von R. Bauer, Köln und Opladen 1963

Schönfeld, Hans-Martin: Kostenrechnung II, 7. Auflage, Stuttgart 1975

Schönfeld, Hans-Martin: Die Anwendung statistischer Methoden in der Kostenrechnung (I), in: Kostenrechnungs-Praxis, Zeitschrift für Betriebsabrechnung, Kostenrechnung und -planung, Wiesbaden 1986, S. 245-254

Schweitzer, Marcell; Hettich, Günter O.; Küpper, Hans-Ulrich: Systeme der Kostenrechnung München 1975

Silber, Gerhard: Grenzplankostenrechnung mit EDV, München 1975

Vormbaum, Herbert; Rautenberg, Hans Günter: Kostenrechnung III für Studium und Praxis, Plankostenrechnung, Baden-Baden und Bad Homburg 1985

Wöhe, Günter: Einführung in die Allgemeine Betriebswirtschaftslehre, 16. Auflage, München 1986

Stichwortverzeichnis

www.ingramcontent.com/pod-product-compliance
Lightning Source LLC
LaVergne TN
LVHW081339011026
849161LV00013BB/2954